おしゃれな庭の舞台裏

365日
花あふれる庭の
ガーデニング

ガーデンストーリー

KADOKAWA

一年を咲き継ぐ ガーデンフラワー12ヵ月

本書で登場する植物137種の開花カレンダーです。一年を咲き継がせていく庭計画に役立ててください。

※花苗が市場に流通する時期を含めた開花期間です。園芸店などで開花株が購入できるタイミングも示しています。

> 本書では、3〜4月を春、5〜6月を初夏、7〜8月を盛夏、9〜11月を秋、12〜2月を冬としています。
> このカレンダーは、各植物の開花期と登場するページの一覧です。色帯は以下の種類を示しています。
> ▦ 一年草　▦ 球根植物　▦ 宿根草　▦ 樹木　植物の種類の解説 ▶P.85〜87参照

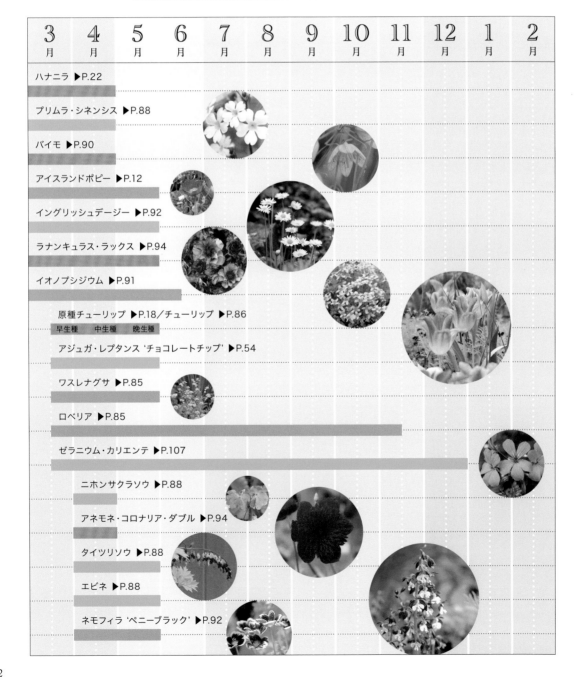

3月	4月	5月	6月	7月	8月	9月	10月	11月	12月	1月	2月

ハナニラ ▶P.22

プリムラ・シネンシス ▶P.88

バイモ ▶P.90

アイスランドポピー ▶P.12

イングリッシュデージー ▶P.92

ラナンキュラス・ラックス ▶P.94

イオノプシジウム ▶P.91

原種チューリップ ▶P.18／チューリップ ▶P.86
早生種　中生種　晩生種

アジュガ・レプタンス 'チョコレートチップ' ▶P.54

ワスレナグサ ▶P.85

ロベリア ▶P.85

ゼラニウム・カリエンテ ▶P.107

ニホンサクラソウ ▶P.88

アネモネ・コロナリア・ダブル ▶P.94

タイツリソウ ▶P.88

エビネ ▶P.88

ネモフィラ 'ペニーブラック' ▶P.92

3月	4月	5月	6月	7月	8月	9月	10月	11月	12月	1月	2月

フェリシア 'スプリングメルヘン' ▶P.92

セリンセ・マヨール ▶P.92

カマッシア ▶P.93

アレナリア・モンタナ ▶P.93

ルピナス・ピクシーデライト ▶P.91

デルフィニウム 'チアブルー' ▶P.20

オンファロデス・カッパドキカ 'スターリーアイズ' ▶P.92

リムナンテス・ダグラシー ▶P.93

オンファロデス・リニフォリア ▶P.93

ギリア・カピタータ ▶P.96

ギリア・トリコロール ▶P.96

フロックス 'クリームブリュレ' ▶P.101

ベロニカ 'マダムマルシア' ▶P.89

スーパーチュニア ▶P.104

ゲラニウム 'ビルウォーリス' ▶P.111

ミニバラ ▶P.113

ベニバスモモ 'ベイリーズセレクト' ▶P.19

ウワミズザクラ ▶P.87

アロニア ▶P.111　花　　　　　アロニア ▶P.111　実

ジューンベリー ▶P.87　花　　実

オキナグサ ▶P.92

イングリッシュブルーベル ▶P.93

ルナリア・アンヌア ▶P.93

ゲウム 'マイタイ' ▶P.95

3

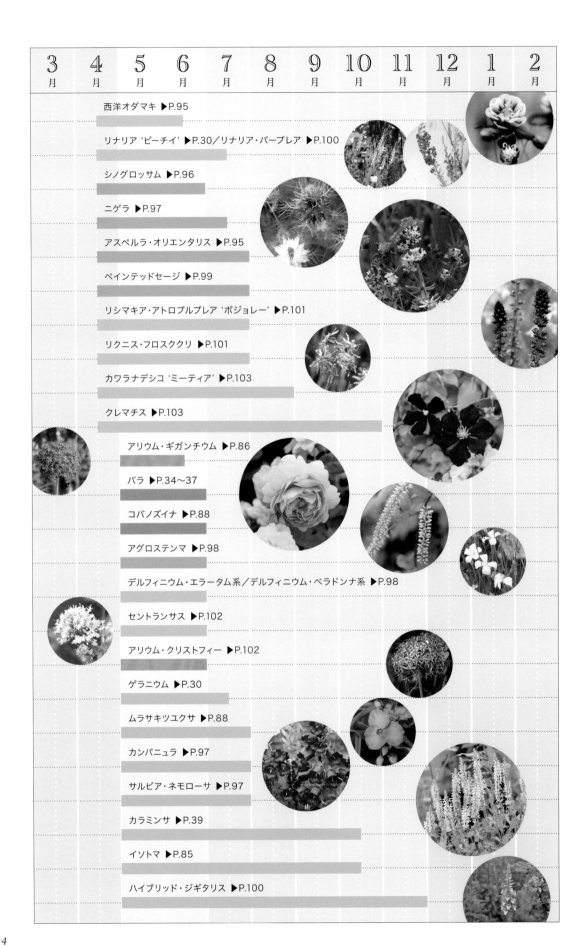

3月	4月	5月	6月	7月	8月	9月	10月	11月	12月	1月	2月

西洋オダマキ ▶P.95

リナリア 'ピーチイ' ▶P.30／リナリア・パープレア ▶P.100

シノグロッサム ▶P.96

ニゲラ ▶P.97

アスペルラ・オリエンタリス ▶P.95

ペインテッドセージ ▶P.99

リシマキア・アトロプルプレア 'ボジョレー' ▶P.101

リクニス・フロスククリ ▶P.101

カワラナデシコ 'ミーティア' ▶P.103

クレマチス ▶P.103

アリウム・ギガンチウム ▶P.86

バラ ▶P.34〜37

コバノズイナ ▶P.88

アグロステンマ ▶P.98

デルフィニウム・エラータム系／デルフィニウム・ベラドンナ系 ▶P.98

セントランサス ▶P.102

アリウム・クリストフィー ▶P.102

ゲラニウム ▶P.30

ムラサキツユクサ ▶P.88

カンパニュラ ▶P.97

サルビア・ネモローサ ▶P.97

カラミンサ ▶P.39

イソトマ ▶P.85

ハイブリッド・ジギタリス ▶P.100

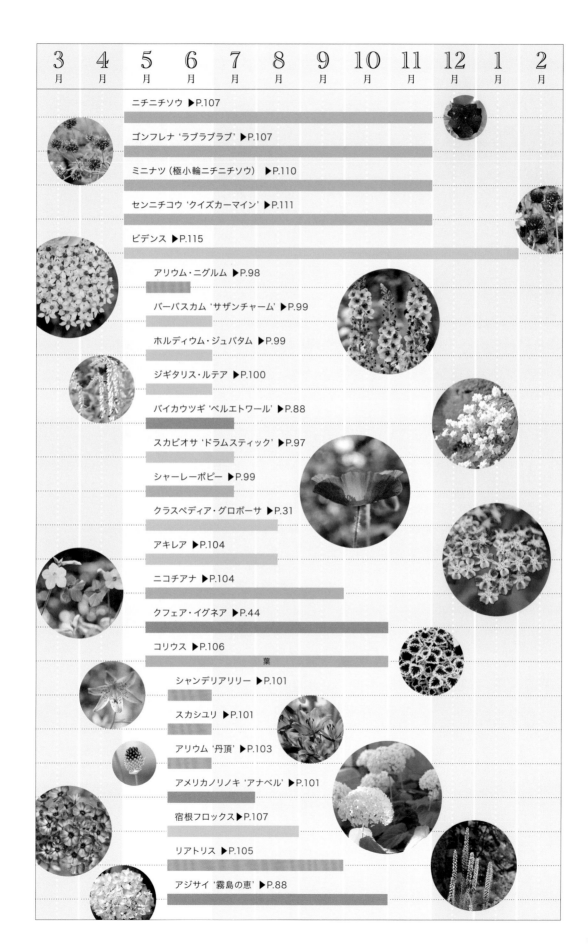

3月	4月	5月	6月	7月	8月	9月	10月	11月	12月	1月	2月

ニチニチソウ ▶P.107

ゴンフレナ ‘ラブラブラブ’ ▶P.107

ミニナツ（極小輪ニチニチソウ） ▶P.110

センニチコウ ‘クイズカーマイン’ ▶P.111

ビデンス ▶P.115

アリウム・ニグルム ▶P.98

バーバスカム ‘サザンチャーム’ ▶P.99

ホルディウム・ジュバタム ▶P.99

ジギタリス・ルテア ▶P.100

バイカウツギ ‘ベルエトワール’ ▶P.88

スカビオサ ‘ドラムスティック’ ▶P.97

シャーレーポピー ▶P.99

クラスペディア・グロボーサ ▶P.31

アキレア ▶P.104

ニコチアナ ▶P.104

クフェア・イグネア ▶P.44

コリウス ▶P.106
葉

シャンデリアリリー ▶P.101

スカシユリ ▶P.101

アリウム ‘丹頂’ ▶P.103

アメリカノリノキ ‘アナベル’ ▶P.101

宿根フロックス ▶P.107

リアトリス ▶P.105

アジサイ ‘霧島の恵’ ▶P.88

5

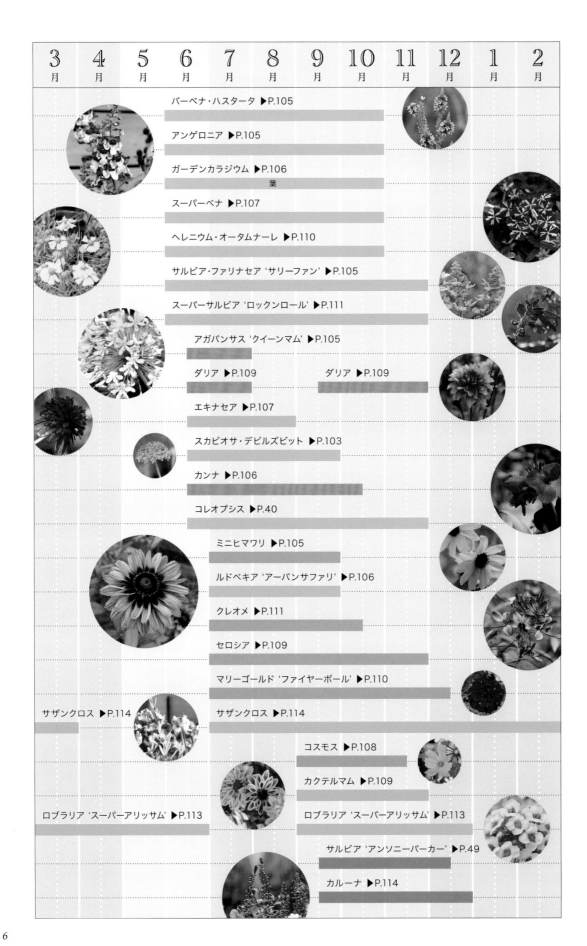

3月	4月	5月	6月	7月	8月	9月	10月	11月	12月	1月	2月

バーベナ・ハスタータ ▶P.105

アンゲロニア ▶P.105

ガーデンカラジウム ▶P.106
葉

スーパーベナ ▶P.107

ヘレニウム・オータムナーレ ▶P.110

サルビア・ファリナセア 'サリーファン' ▶P.105

スーパーサルビア 'ロックンロール' ▶P.111

アガパンサス 'クイーンマム' ▶P.105

ダリア ▶P.109　　　ダリア ▶P.109

エキナセア ▶P.107

スカビオサ・デビルズビット ▶P.103

カンナ ▶P.106

コレオプシス ▶P.40

ミニヒマワリ ▶P.105

ルドベキア 'アーバンサファリ' ▶P.106

クレオメ ▶P.111

セロシア ▶P.109

マリーゴールド 'ファイヤーボール' ▶P.110

サザンクロス ▶P.114　　　サザンクロス ▶P.114

コスモス ▶P.108

カクテルマム ▶P.109

ロブラリア 'スーパーアリッサム' ▶P.113　　　ロブラリア 'スーパーアリッサム' ▶P.113

サルビア 'アンソニーパーカー' ▶P.49

カルーナ ▶P.114

3月	4月	5月	6月	7月	8月	9月	10月	11月	12月	1月	2月

秋バラ（四季咲き性）▶P.109

ネメシア ▶P.115　　　　　　　　　　　　ネメシア ▶P.115

タマサンゴ ▶P.110
実

原種シクラメン ▶P.108　　　　　　　　　原種シクラメン ▶P.108
（コウム ▶P.15）　　　　　　　　　　　（ヘデリフォリウム ▶P.53）　　（コウム ▶P.15）

ハボタン 'フレアホワイト' ▶P.112　　　　ハボタン 'フレアホワイト' ▶P.112
葉　　　　　　　　　　　　　　　　　　　　葉

ペルネッティア ▶P.114　　　　　　　　　ペルネッティア ▶P.114
実　　　　　　　　　　　　　　　　　　　　実

スキミア・ルブラ ▶P.114　　　　　　　　スキミア・ルブラ ▶P.114
つぼみ　　　　　　　　　　　　　　　　つぼみ

パンジー＆ビオラ ▶P.113　　　　　　　　パンジー＆ビオラ ▶P.113

スカビオサ 'ブルーバルーン' ▶P.115　　　スカビオサ 'ブルーバルーン' ▶P.115

ネリネ（ダイヤモンドリリー）▶P.111

ガーデンシクラメン ▶P.114　　　　　　　ガーデンシクラメン ▶P.114

ストック ▶P.115　　　　　　　　　　　　ストック ▶P.115

エリカ 'ホワイトデライト' ▶P.114　　　　エリカ 'ホワイトデライト' ▶P.114

キンギョソウ 'トゥイニー' ▶P.115　　　　キンギョソウ 'トゥイニー' ▶P.115

リナリア 'グッピー' ▶P.13　　　　　　　　リナリア 'グッピー' ▶P.13

スイセン ▶P.86　　　　　　　　　　　　　スイセン ▶P.86
中生種　　　　　晩生種　　　　　　　　　早生種

ヘレボルス・ニゲル ▶P.113

カレンデュラ 'ブロンズビューティー' ▶P.115　　カレンデュラ 'ブロンズビューティー' ▶P.115

クリスマスローズ ▶P.90　　　　　　　　　クリスマスローズ ▶P.90

原種スイセン・バルボコディウム ▶P.90　　原種スイセン・バルボコディウム ▶P.90

スノードロップ ▶P.91　　　　　　　　　　スノードロップ ▶P.91

オステオスペルマム ▶P.91　　オステオスペルマム ▶P.91　　オステオスペルマム ▶P.91

プリムラ・マラコイデス 'ウィンティー' ▶P.91　　プリムラ・マラコイデス 'ウィンティー' ▶P.91

クロッカス ▶P.91　　　　　　　　　　　　クロッカス ▶P.91

目 次

写真・執筆・編集／3and garden

制作／ガーデンストーリー編集部(倉重香理　鶴岡思帆　原由子　岡本晴雄　元戎あずみ　髙橋翠　渡邊清隆)

デザイン／十河岳男　校正／竹内直美　illustration／Olga Korneeva (Shutterstock.com)

第 1 章

咲き継ぐ庭

鳥取県米子市に毎日花が咲く庭に囲まれたクリニックがあります。
そこは、患者さんと日々忙しく働く医療スタッフの癒やしの場。
待合室からも診察室からも、全ての窓から
花咲く風景が眺められる、オープンガーデンです。
庭主の面谷ひとみさんと、ガーデナーの安酸友昭さんが
二人三脚で作る「365日欠かさず花が咲き継ぐ、美しい庭」。
季節の楽しみがふんだんで、庭作りのヒントが満載です。

第1章では、庭がどのように一年で変化していくのか、
季節の巡りを庭風景で追って紹介します。
この風景はP.121からの12カ月の庭作業で
解説している日々の作業のたまものです。
庭の広さや条件は違っても、ガーデニングは
美しい風景を自分の手で作り出すことができる
クリエイティブな手仕事です。
想像力と創造力を駆使して、
窓の外の風景をあなたの指先で変えましょう。
植物を育て始めれば、日々変化する草花たちが、
美しい毎日に導いてくれます。

365日 花あふれる
庭の見取り図

庭は、建物をコの字に囲んでいます。
日向や半日陰、小径や狭小花壇など、
さまざまな条件のエリアを題材に
四季を通じて美しく咲かせる工夫を
紹介します。

公道（生活道路）

狭小花壇

半日陰の庭

建物

小径の庭

玄関

ガーデンルーム

日向の庭

レンガ花壇

北 東 南 西

公道（県道）

日向の庭

建物の南側　　　　　▶P.20

一日中、日が当たり、3方を公道に
囲まれています。車の往来が目に
入らないよう地面を数段低くした
沈床庭園です。東側は腰の高さの
石積みで庭を囲いつつ、樹木を植
栽。住宅街に続く西側には壁を設
置して視線をコントロール。

半日陰の庭

建物の北側　　　　▶P.17

ほぼ北側に位置し、建物で遮られて朝夕の
短い時間しか日が当たらない半日陰の庭。
まったく日が差さない「日陰」に対し、ごく
限られた時間だけ日が差す場所を「半日
陰」と呼びます。

小径の庭

建物の東側 ▶P.12

建物に沿って幅2〜3m、長さ15m
の細長い小径の庭です。日の出か
ら午後の早い時間まで日が当たり
ます。

狭小花壇

建物の北側（南向き） ▶P.78

ごく狭い奥行き35cm、高さ50cm、
幅20mの細長い花壇。隣家との境
になる背面に木製フェンスを設け、
立体的に植物を育てています。

レンガ花壇

建物の東側 ▶P.21

公道に面し、周囲に日を遮るものがない
ため一日中、日が当たる場所。レンガで縁
取った高さ60cm、広さ1畳ほどの花壇。

これらの庭は、地面に植物を直
接植える**「地植え」**と、地面の有
無にかかわらず植物を育てられ
る**「鉢植え（寄せ植え）」**を組み
合わせています。**「花壇（狭小花
壇とレンガ花壇）」**は、地面より
も高く作っているため日当たり
がよく、屈まずに手入れができ
るメリットもあります。

地植え
日向の庭、半日陰の庭、小径の庭

鉢植え（寄せ植え）
日向の庭、小径の庭

花壇
狭小花壇、レンガ花壇

11

咲き継ぐ庭

春

Spring

3月&4月

早春の柔らかな日の光を受け、地面が茶色から若草色へと変わっていきます。クリスマスローズやビオラ、ムスカリ、原種シクラメンなどの小球根がポツポツと彩る3月は、まだ春の序章。庭を歩きながら、新たに咲いた花を発見するのが楽しみな頃です。4月になると、植物は一気に勢いを増し、地面はすっかり花と緑で覆われます。アネモネやチューリップなど、草丈の高い花が風に揺れ、本格的な春の幕開けに胸が高鳴ります。

華奢な茎を伸ばし、鮮やかな花を咲かせるアネモネやアイスランドポピー、スカビオサ 'ブルーバルーン'、小花のリナリア 'グッピー'、イングリッシュデージーなどが入り交じり、フラワープリントのような花壇。チューリップのつぼみも上がり始め、華やかさが増していきます。▶[小径の庭]

東側の小径状になっている庭です。落葉樹のベニバスモモ 'ベイリーズセレクト'の下で、クリスマスローズやクロッカス、原種シクラメンなどが咲いています。これらの花は、夏は木陰で守られ、冬は日が当たるこの環境が最適。よく増えて年々華やかになります。▶[小径の庭]

— P.90 —

クリスマスローズ

（ヘレボルス）

Helleborus

— P.91 —

クロッカス

Crocus

14

— P.108 —

原種シクラメン
（シクラメン・コウム）

Cyclamen coum

— P.113 —

パンジー＆ビオラ

Viola

— P.90 —

クリスマスローズ

（ヘレボルス）

Helleborus

小径の両脇をクリスマスローズとパンジー＆ビオラが彩る早春の庭。どれも毎年新品種が登場し、色も形も豊か。クリスマスローズの希少種は高価ですが、ほとんどはとても丈夫。地植えにすると、年々大株になって花数が増えます。こぼれ種で増えることも。▶[小径の庭]

— P.90 —
クリスマスローズ
（ヘレボルス）
Helleborus

— P.88 —
エビネ
Calanthe discolor

— P.92 —
オキナグサ
Pulsatilla cernua

— P.86 —
スイセン
Narcissus

— P.85 —
ワスレナグサ
Myosotis

ほぼ北側に位置し、建物で遮られて朝夕にしか日が当たらない場所ですが、エビネなどの山野草類にとっては最適の環境です。クリスマスローズやスイセンも毎年この場所でよく咲きます。日陰には明度の高い白や黄色の花を選ぶと空間が明るくなります。▶［半日陰の庭］

原種チューリップ・
クルシアナ 'シンシア'

Tulip Clusiana
'Cynthia'

— P.94 —

アネモネ・
コロナリア・ダブル

Anemone coronaria forma.
flore-pleno

P.14の場所のおよそ1カ月後。原種チューリップやアネモネなどが主役に代わり、パンジー
＆ビオラはボリュームが増し、ワスレナグサやイングリッシュデージーも空間を埋めるよう
に咲いています。小径はやや蛇行させると花を眺めて歩く楽しみが増えます。▶[小径の庭]

From Gardeners

　落葉樹の周りには、チューリップやスイセン、アネモネなどの「原種」の
球根類を植えています。原種とは、ある植物が改良される前の姿の種で、
いわば先祖。そこからバラエティー豊かな園芸品種が生まれています。原
種の魅力は、「素朴で愛らしい姿」「丈夫でローメンテナンス」「コスパが
よい」という3点。たとえば、園芸品種のチューリップはワンシーズン限り
なので花後は抜きますが、原種は植えっぱなしで何年も繰り返し咲き、年々
花数が増えていきます。組み合わせる植物は、原種の花の雰囲気に似合う小
花、パンジー＆ビオラやワスレナグサなどを選んで植えています。

— P.85 —
ワスレナグサ
Myosotis

— P.113 —
パンジー＆ビオラ
Viola

ベニバスモモ
'ベイリーズセレクト'
Prunus virginiana
'*Bailey's Select*'

春に白い甘い香りの花を咲かせ、爽やかなライムグリーンの葉が出始めます。花後には葉が深い赤紫色になって、印象がガラリと変わります（P.43参照）。毛虫がつくことがあるので、春に一度消毒をするとよいでしょう。秋冬は落葉し、下の草花に光を届けてくれます。▶[小径の庭]

デルフィニウム
'チアブルー'
Delphinium
'Cheer blue'

— P.86 —
チューリップ
'メルシー'
'Merci'

From Gardeners

　チューリップは小さな子どもから大人まで、誰もが知っている春の花です。シーズンごとに、その季節を代表する花を選んで主役にすると、庭の見所や季節感がはっきりします。チューリップは品種によって早咲き、遅咲きがあり、開花期間に1カ月近い差が出ることもあるので、1エリアを同じ品種で揃えたほうが見応えが出ます。花だけでなく、葉の細め・広めという違いもセレクトのポイント。園芸品種は翌年は咲かなかったり、咲いても色や大きさがマチマチになったりしがちなので、基本的に1年限りで花後は抜きます。一方、原種は植えっぱなしでも毎年花を咲かせてくれます。

上／よく日が当たる南側の庭です。ピンクのチューリップは園芸品種の'メルシー'。その間を埋めるように青く彩っているのは小型種のデルフィニウム 'チアブルー'。チューリップと青色の小花の組み合わせとして、しばしばワスレナグサが用いられますが、ワスレナグサはこぼれ種でとても増えるので、2年目以降は間引く作業が必須です。▶[日向の庭]
上右／草丈の異なる複数のチューリップと、ビオラやオンファロデスを混植した花壇。チューリップは葉の大きさが品種によって異なります。混植する際はあまり葉幅の広くないものを選ぶと、ほかの草花を覆い隠さずきれいに調和します。脇役となる草花は、チューリップの背を越えないものを選びましょう。▶[レンガ花壇]
右／P.16と同じ場所の1カ月後、チューリップの小径になりました。球根を前後左右にずらしながら植えると自然な雰囲気になります。▶[小径の庭]

— P.86 —
チューリップ
'パープルハート'
'Purple Heart'

— P.86 —
チューリップ
'カルパッチョ'
'Carpaccio'

— P.86 —
チューリップ
'ホーランドチック'
'Holland Chic'

— P.95 —
原種チューリップ
'ブライトジェム'
Tulipa batalinii
'Bright Gem'

ハナニラ

Ipheion uniflorum

— P.92 —

イングリッシュデージー

Bellis perennis

From Gardeners

　小径の庭は、道の両側の植栽スペースが限られているため、株幅が40〜60cmになるジギタリスのような大型の宿根草は入れていません。ここでは季節ごとにさまざまな花が楽しめるように、冬は小輪系の這性ビオラやスノードロップ、春にはスイセンやムスカリ、原種チューリップなどの球根類、こぼれ種で増えるイングリッシュデージーやワスレナグサ、夏はワイルドストロベリー、秋は原種シクラメンなど、場所を占領しない比較的小型の花で構成しています。低く茂る植物でも、タイムなどは地面を覆い尽くしてほかの植物も呑み込むので、いろいろな花を咲かせたい場合には向きません。道は水をかけると固まる真砂土でナチュラルに仕上げています。

春爛漫のガーデンブーケ

暖かくなると庭の草花は勢いを増し、茂ってきます。適度に間引いて風通しをよくしておきましょう。切った草花はフラワーアレンジメントで楽しみます。好きな花を選び、組み合わせを考えながら庭に植えているので、間引いた花だけでブーケを作ってもいい感じに。スイセンやアネモネなどの春の球根花は茎が長く、ブーケに重宝します。クリスマスローズも植栽して3〜4年たつと、株が充実して何十輪と咲くものもあり、アレンジメントで楽しむ余裕が出てきます。茎をらせん状に重ねて束ねていく「スパイラルブーケ」はアレンジメントの基本テクニック。きれいにまとめやすいので習得しておくとよいでしょう。庭には花屋さんにはない花材がたくさんあります。自然の花の力を引き出すブーケが作れたら、庭のある喜びがさらに大きくなります。

咲き継ぐ庭

初夏

Early Summer

5月 & 6月

爽やかな緑をキャンバスに、バラやアリウム、サルビアなど、さまざまな草花が庭を彩っていきます。一年で最も庭が華やぐ季節。風は甘い香りをのせて梢を渡り、草の間にチョウやミツバチが浮き沈みする風景に、ため息を使い果たしてしまいそう。さまざまな角度から写真を撮っておくと、来年の庭作りの資料になります。揺れる花影や花の香り、昆虫たちの羽音など、写真には残せない庭の美しさは、あなたの心にとどめて。

日向の庭の入り口。アーチに誘引したイングリッシュローズ 'メイヤー・オブ・キャスターブリッジ' が満開に。このバラは咲き終わっても花びらがハラハラと散らず、あとは花がらを摘めばいいだけ。公道側は散り際の様子も少し気にしてバラを選ぶと掃除も楽でよいでしょう。

— P.86 —

アリウム・ギガンチウム

Allium giganteum

— P.97 —

サルビア・ネモローサ
'カラドンナ'

Salvia nemorosa
'Caradonna'

バラ
'ローブリッター'
'Raubritter'

— P.99 —

バーバスカム
'サザンチャーム'

Verbascum
'Southern Charm'

From Gardeners

　さまざまな草花が入り交じり景色を織りなす庭は、いつまで眺めていても飽きることがありません。一度、デルフィニウムを張り切ってたくさん植えたら、背丈を超えるほどの花が庭中に咲き、景色が単調になってしまった苦い経験があります。

　限られた空間で複数の花を咲かせるには、色の組み合わせもさることながら、一つひとつの草丈や株幅も意識して選んでいます。例えばバーバスカム'サザンチャーム'は縦に花が連なりスリムに咲くので、混植するのに重宝します。年々株幅が大きくなるものは、後方へ配置したり、株分けしてリサイズするのも手です。

朝日に輝く5月の庭。バーバスカム'サザンチャーム'やシャーレーポピーは茎が華奢で、咲き進むと花の重みで倒れることがあるので必要に応じ支柱を立てます。シラキの木に誘引したつるバラの'ローブリッター'は、庭の向こうに見えるコンビニの看板を隠してくれます。▶[日向の庭]

— P.99 —

バーバスカム
'サザンチャーム'

*Verbascum
'Southern Charm'*

— P.99 —

シャーレーポピー
(ヒナゲシ)

Papaver rhoeas cv.

バーバスカム 'サザンチャーム' とサル
ビア・ネモローサ 'カラドンナ' は一度植
えたら何年も咲いてくれる宿根草です。
シャーレーポピーとセリンセ・マヨール
は一年草。こぼれ種で増えるので、間引
いたり、発芽したばかりの頃を狙って
移植し、コントロールしながら庭風景を
作っていきます。▶[日向の庭]

— P.97 —

サルビア・ネモローサ
'カラドンナ'

*Salvia nemorosa
'Caradonna'*

— P.92 —

セリンセ・マヨール

Cerinthe major

シャーレーポピーは一年草で、ちょうどバラと同じ頃に咲きます。花径は7〜8cmで存在感がありながら、茎が細いのでとても華奢な雰囲気です。花びらはシフォン生地のようにごく薄く、朝日が差すと、光を通して花弁の重なりが影絵のように映し出されます。

リナリア 'ピーチイ'
('アプリコットチャーム')
Linaria 'Peachy'

— P.34 —
バラ
'ジャック・カルティエ'
'Jacques Cartier'

ゲラニウム
Geranium

— P.87 —

ジューンベリー

Amelanchier canadensis

バラ
‘ジェームズ・L.オースチン’

‘James L. Austin’

クラスペディア・
グロボーサ

Craspedia globosa

奥のガーデンルームを景色の終点とし、手前から奥まで色彩がつながるように植栽しています。一つでも茂りすぎると風景の流れが止まるの
で、向こう側が透けるような植物をセレクト。バラも茂りすぎたら花や葉を落とし、全体に調和するようコントロールしています。　▶[日向の庭]

— P.36 —
バラ
'ラッセリアーナ'
Russelliana

— P.87 —
西洋ツゲ
Buxus
sempervirens

— P.34 —
バラ
'ジャック・カルティエ'
Jacques Cartier

— P.95 —
アスペルラ・
オリエンタリス
Asperula
orientalis

上／壁に設けた扉はフェイク。向こうに何かありそうな雰囲気が庭にひと味加えてくれます。つるバラは咲かせすぎないのがコツ。▶[日向の庭]
下／バラの株元を彩るのは、春から咲いている一年草のアスペルラ・オリエンタリス。ピンクの小花は、宿根草のゲラニウム。▶[日向の庭]

From Gardeners

　つるバラは地面の植栽スペースはそれほど要さず、壁などに誘引して広い空間を華やかに演出できる優れた花材です。定植から3年もすれば旺盛に生育し、枝を水平気味に誘引すると花枝がたくさん伸び、つぼみもたくさんつきます。ただし、花が隙間なくびっしり咲くと、壁に色をべた塗りしたようで庭が平面的に見えてしまいます。枝数を少なくし、きれいに弓形に誘引することによって、一輪一輪の美しい形が際立ち、壁に微かに映し出される花影も絵になります。庭の心地よさは花の色合いだけでなく、光や影、風といった自然の事象も大事な要素。それらも意識して誘引すると素敵な風景ができます。

花数をコントロールするために摘んだバラはブーケにして飾ります。草花でもバラでも、多花性のものは少し摘んであげたほうが風通しがよくなり、きれいに育ちます。花屋さんのバラには香りのないものが多いですが、庭のバラは香りを堪能できるのが魅力です。

1.オールドローズの'ジャック・カルティエ'。葉も柔らかな緑で美しいバラ。花びらの陰にいるクモは、バラの害虫を食べてくれる強い味方。2.小さい花はつるバラの'ポールズ・ヒマラヤン・ムスク'。大きい花はオールドローズの'シャポー・ド・ナポレオン'。3.コンパクトに茂る木立ち性の'アンブリッジ・ローズ'は小さな花壇に。アプリコットがかる花は甘く濃厚な香り。4.イングリッシュローズの'クイーン・オブ・スウェーデン'。整った花形と気品ある香りが女王の名にふさわしい。5.イングリッシュローズの'セプタード・アイル'。丸い花形と濃厚な香りが魅力。半つる性でコンパクトなつるバラとしても扱えるため、小さな花壇でフェンスに誘引。6.'ポールズ・ヒマラヤン・ムスク'は5m以上伸びる大型のつるバラ。広い壁やパーゴラの屋根を覆うのに向き、小輪の花が集まってふわふわとピンクの雲のように咲きます。花はムスクの香り。7.イングリッシュローズの'セント・セシリア'。樹高150cm程度まで伸びますが、低めに剪定して草花とコラボさせています。

無農薬のバラで作る

バラジャム

バラの花びらを集めて作るバラジャム。発色と香りのよい品種を選んで作ります。無農薬で育てたバラを使いましょう。花の香りも色もきれいに残せる作り方を紹介します。

材料

バラの花びら150g、砂糖100g、レモン汁1個分、水200mℓ

作り方

❶虫が入っていることが少ない咲きたての花を早朝摘みます。

❷花びらをガクからもぎ取り、苦味のある花弁の付け根部分を少し切り取ります。

❸水を張ったボウルに花びらを入れ、優しくかき混ぜて洗い、キッチンペーパーで水気を取ります。

❹別のボウルに花びらを入れ、レモン汁をふりかけて8分ほど揉み込みます。

❺花びらを絞って花の色水を出し、別の容器に取っておきます。

❻花びらを鍋に入れ、砂糖と水を加え、中火〜弱火で20分ほど煮ます。

❼火からおろして⑤を加え、そのまま1時間ほど寝かせます。

❽もう一度火にかけ、汁が煮詰まったら完成です。

赤いバラとピンクのバラのジャムをスコーンに添えて。使う花によってジャムの香りも異なります。シャキシャキとした花びらの食感もおいしく、幸福感に満たされます。

ソーダやシャンパンに入れても美しい色と香りが楽しめます。バラの最盛期にお客様を招いて、庭でお茶会をする際にもおすすめです。

1. 庭のフェイクの扉に誘引した、ピンクのつるバラ'ポールズ・ヒマラヤン・ムスク'と真紅の'スーブニール・ド・ドクトル・ジャメイン'。

2. 真紅の大輪の花が庭で存在感を発揮する木立ち性の'ザ・ダーク・レディ'。初夏から雪が降る冬まで繰り返しよく咲きます。

3. 紫色がかった濃いピンクの'ラッセリアーナ'。花径4cmほどの小さな丸い花をたわわに咲かせます。4m近く伸びるつるバラ。

4. フランス語でイチゴという意味の'フレーズ'。耐病性・耐暑性に優れ、花つきも抜群な半つる性。枝がしなやかで自然樹形も美しい。

From Gardeners

　バラを選ぶときには、花の好みのほかに生育上の性質で必ず押さえておきたい３つのポイントがあります。１つ目は樹形。バラには「つる性（クライミング）」、「木立ち性（ブッシュ）」、この２つの間の性質を持った「半つる性（シュラブ）」があります。つるバラの中には７〜８ｍもシュート（枝）が伸びるものもあるので、場所を選ぶ必要があります。２つ目は開花周期。初夏にのみ咲く「一季咲き性」、春から秋まで繰り返し連続的に咲く「四季咲き性」、それよりやや連続性に乏しい「返り咲き性」があります。３つ目は耐病性。強いものを選べば、消毒などの手間もほとんど必要ありません。

イングリッシュローズの'ムンステッド・ウッド'。ベルベットのような深みのある色と濃厚な香りで、バラのコンテストでも多くの受賞歴のある名花。バラ科特有の黒点病に強く、耐暑性にも優れています。半つる性なので、小さな花壇でつるバラとして扱っています。

咲き継ぐ庭

盛夏

Mid summer

7月 & 8月

照りつける太陽の下で草木が
たくましく茂る盛夏。この季節は
最低限のガーデニングで済む
ように、暑さに強くローメンテナ
ンスな植物を選んで植えておき
ます。植物には蒸散作用があ
り、気温が高ければ高いほど多
くの水蒸気を出します。いわば
自然のクーラーですが、その恩
恵は人にも多大。緑があると、
地面では10℃、木陰では7℃も
体感温度が低いという研究結
果があります。緑の偉大さを肌
で感じる季節です。

暑さに強いスーパーチュニアやカラミンサを組み合わ
せた寄せ植え。庭で増えているワイルドストロベリー
も活用しました。鉢を覆うように伸びているつるはル
ブス（キイチゴ）。葉が美しく丈夫で重宝しますが、地
下茎で広がりコントロールが難しいので鉢植え向き。

— P.107 —

エキナセア

Echinacea purpurea

コレオプシス

Coreopsis

— P.101 —

アメリカノリノキ
'アナベル'

Hydrangea arborescens
'Annabelle'

— P.104 —

スーパーチュニア

Petunia hybrid

真夏の庭の主役は緑。色濃くボリュームもある緑の中では、花は色が鮮やかで、形がユニークなものが似合います。エキナセアは中心が盛り上がる個性的な花形で目を引きます。コレオプシスも耐暑性に優れた夏の定番花。夏中、庭に彩りを提供してくれます。▶[日向の庭]

— P.36 —

バラ
'ザ・ダーク・レディ'

'The Dark Lady'

— P.105 —

ミニヒマワリ

Helianthus annuus

— P.105 —

サルビア・ファリナセア
'サリーファン'

Salvia farinacea
'Sallyfun'

— P.107 —

宿根フロックス

Phlox

— P.104 —

アキレア

Achillea

上／ミニヒマワリとイングリッシュローズ 'ザ・ダーク・レディ'の共演。ミニヒマワリは分枝してこんもり茂り、秋まで咲きます。▶[日向の庭]
下／高温多湿の日本の夏では、本来まっすぐ立つ花も茎が曲がって支柱が必要なことも。アキレアはしっかり自立して咲いてくれます。▶[日向の庭]

ベニバスモモ
'ベイリーズセレクト'

Prunus virginiana
'Bailey's Select'

— P.85 —
イソトマ

Isotoma

— P.104 —
スーパーチュニア

Petunia hybrid

— P.85 —
ロベリア

Lobelia erinus

ベニバスモモ 'ベイリーズセレクト'の赤紫色の葉を背景に、つるバラの緑が美しいコントラスト。樹木の下では早春の庭をにぎわしたクリスマスローズが木陰に守られ休眠中。手前の奥行き20cmほどの花壇には、耐暑性に優れ、花色でも涼を感じさせてくれるものを。 ▶[小径の庭]

イポメア
‘テラスライム’

Ipomoea
‘Terrace Lime’

— P.106 —
ガーデンカラジウム

Caladium × hortulanum

クフェア・イグネア

Cuphea ignea

— P.106 —
コリウス

Coleus

上・下／この季節は花がら摘みの必要な草花より、コリウスやガーデンカラジウムなど葉色が美しいカラーリーフを植栽しておくと、ローメンテナンスで済みます。葉の美しい観葉植物の中にも、近年は地植えできるように直射に強く改良された品種が登場しています。▶［日向の庭］

From Gardeners

　真夏の庭でガーデニングをしていると、自然と木陰を選んで作業していることに気づきます。動けない草花にとっても樹木がもたらす緑陰は貴重な天然のパラソル。小さな庭でも低木の落葉樹を入れると、夏は葉が茂り、冬は葉を落として日照を穏やかにコントロールし、下で育つ草花を守ってくれます。茂りすぎに注意し、木漏れ日が美しい程度に定期的に剪定をしましょう。樹木のそばにバラを植える場合、バラに与えた肥料を樹木が奪ってしまうことがあります。バラは二年生苗でも大鉢でさらに1年以上栽培し、根を十分に増やしてから植えるか、鉢植えのまま庭にレイアウトするのも手です。

いくつもの樹木が緑陰をもたらし、避暑地のように涼しげな半日陰の庭。真夏は花いっぱいの景色よりもこの庭の緑が心地よく感じられます。春に咲いたエビネやサクラソウなどの山野草類も木陰に守られ夏越しします。▶[半日陰の庭]

咲き継ぐ庭

秋

Autumn

9月 & 10月 & 11月

暑さがやわらぐと、それまで小休止していた草花たちが活動を始め、庭に彩りが戻ってきます。秋はガーデニング再始動の季節。夏に生い茂った緑を一度整理すると、花々の存在感が際立ってきます。「秋は夕暮れ」という言葉の通り、夕陽に花影が長く伸び、暮れゆく頃が、庭の最も美しいとき。晩秋には秋バラが咲き始めます。花数は春より少なくなるものの、色濃く長く楽しめるのは、この季節ならでは。一輪一輪を、じっくり堪能して。

紫色の花穂を上げるサルビア'アンソニーパーカー'はサルビア・レウカンサとパイナップルセージの交雑種です。生育旺盛でよく茂るので、茎を間引いてアレンジメントに。カラーリーフは、夏から寄せ植えで活躍したアルテルナンテラ'リトルロマンス'。

― P.108 ―

コスモス

Cosmos bipinnatus

48

コスモスや秋バラ、サルビア、夏からのカラーリーフ類が秋の庭を彩ります。夏の間は木陰に置いてあったガーデンテーブルを日向に出し、アレンジメントを飾って。長く伸びる影もこの季節ならではの美しい庭の要素。▶［日向の庭］

サルビア
'アンソニーパーカー'

Salvia
'Anthony Parker'

— P.108 —

コスモス

Cosmos bipinnatus

Autumn column
秋らしい庭の演出

コスモスが秋に咲くのは誰でも知っています。庭にコスモスが咲くと、「ああ、もう秋だね」という会話が自然と生まれます。紅葉は簡単には庭に取り入れられませんが、コスモスは一年草なので手軽。ほかに季節らしさを演出する方法として、イベントを庭に取り入れるのも手です。秋はハロウィン！ カボチャを庭に置くだけで、楽しい雰囲気になります。こうした庭の飾りをガーデンオーナメントと呼び、石でできたものも。動物や妖精、ゴブリンなどさまざまなオーナメントがあるので、少し想像力を膨らませて、それぞれの個性にふさわしい場所に置いてあげると、庭に物語が生まれて楽しいですよ。

秋を代表するコスモス。タネを直まきすると夏の庭の整理の際、傷つけてしまうので、ひと通り片付けてから初秋に苗を植え付けています。 ▶[日向の庭]

アルテルナンテラ
Alternanthera

上／オーナメントは、どこに置こうか考えるのも楽しいもの。ウサギはバーバスカムの葉の後ろからひょっこり顔を出したように。▶[日向の庭]
下左／ゴブリンは門柱の横で見張り番。下右／手を上げて「こんにちは」と挨拶しているようなクマは、小径の入り口の鉢の中に。▶[小径の庭]

ベニバスモモ
'ベイリーズセレクト'

Prunus virginiana
'Baliey's Select'

10月になると、ベニバスモモ '‍ベイリーズセレクト'の葉が落ち、地面に日が当たるようになります。すると、とたんにあちこちから原種のシクラメン・ヘデリフォリウムが花を上げ始めます。園芸品種の華やかさとはまた別の魅力があり、自然な雰囲気によく似合う花です。▶[小径の庭]

From Gardeners

　原種シクラメンは場所さえ合えば、丈夫であまり手がかかることなく、毎年花数が増えていくコスパのよい花です。夏は日が遮られ、開花時期には日が当たる落葉樹の下がぴったり。水はけが悪いと球根が傷むので、ここでは落葉樹の周りを盛土し、自然石で土留めして小径の高さよりやや植栽帯を上げています。わずかな段差ですが、風通しがよくなります。暑さが一段落した初秋に、日が当たるよう周囲の雑草や落ち葉を除いてやると、すでに花芽が出ているのが見つかります。球根はダンゴムシなどの食害を受けることがあるので、被害を見つけたら適した薬剤で対処しましょう。

— P108 —

原種シクラメン

（シクラメン・ヘデリフォリウム）

Cyclamen
hederifolium

シクラメン・ヘデリフォリウムは球根植物で、植えてから2〜3年すると球根が太ったり分球したりして、花が増えます。原種シクラメンは秋に咲くヘデリフォリウムと、冬から春にかけて咲くコウムの2種類。どちらも植えておくと秋から春まで長く花が楽しめます。▶[小径の庭]

ワイルドストロベリー

Fragaria vesca

— P.90 —
クリスマスローズ
（ヘレボルス）

Helleborus

アジュガ・レプタンス
'チョコレートチップ'

*Ajuga reptans
'Chocolate Chip'*

— P.109 —
秋バラ
'パット・オースチン'
'Pat Austin'

— P.88 —
アジサイ'霧島の恵'
*Hydrangea macrephylla
'Kirishima no megumi'*

左／半日陰の庭は、晩秋ともなると気温も低く花が少なくなります。葉に特徴のあるものを選んでおくと、葉だけになってもきれい
に見えます。写真の3種の植物は葉の色や形が個性的で、日陰に強いうえにどれも常緑でおすすめ。冬もこのまま残ってくれます。
上左／イングリッシュローズの'パット・オースチン'。四季咲き性で秋も開花します。花首が華奢でうつむきがちに咲く姿も美しい花です。
上右／梅雨の頃は鮮やかな青紫色だった花がアンティークカラーに。アジサイは花後すぐに剪定するのが基本ですが、この品種は四季咲き
性で剪定の時期を問いません。褪色した秋の花がらもきれいなので、あえていくつか残しておきます。
下／落ち葉をどかそうとしたら、ひょっこりニホンアマガエルが。冬眠の準備をしているのでしょうか、動きが緩慢。邪魔してごめんね。

（全て ▶[半日陰の庭]）

咲き継ぐ庭

冬

Winter

12月 & 1月 & 2月

一年草のパンジー＆ビオラや
ガーデンシクラメンが、寒さの
中でも色鮮やかに庭を彩ってく
れます。どちらの花も品種のバリ
エーションがとてもたくさんあり、
それだけで庭も寄せ植えも表
情豊かな演出ができます。寒い
季節は生育が鈍り、ボリューム
が出ないので、鉢植えで高さを
上げると、可愛い花がよく目に
入るようになります。室内から庭
を眺める機会も多くなるので、
遠目からも目立つ鮮やかな色
を取り入れるとよいでしょう。

お菓子の型に水を入れ、花を浮かべて氷のオーナメントを作
りました。ワイヤーも一緒に凍らせて木々に吊せば、葉の落ち
た冬の梢が華やぎます。寒さを利用した冬にしかできない花
遊び。年の瀬の慌ただしさを少し忘れて、童心にかえります。

From Gardeners

　冬の庭になくてはならないパンジー＆ビオラ。色はもちろん、花の大きさや花弁数、フリルにギザギザ、育ち方もいろいろ。こんもり咲くもの、這うように広がるもの、茎をスッと伸ばして風に揺れるものなど、じつに個性豊か。魅力的な花ばかりで選ぶのに迷いますが、そんなときは植える場所の雰囲気に合わせるようにしています。店頭では、個性的な花ばかりに目がいきがちですが、たとえばこの小径の庭のような自然風の場所には、小輪で素朴な花がマッチします。一方、パッと華やかにしたい玄関前などでは、豪華なフリル咲きや1株でも目を引くユニークな花が活躍してくれます。

― P.113 ―

パンジー＆ビオラ

Viola

　まるで激しく踊るフラメンコダンサーの衣装のように、花弁がひるがえり波打つ花形があったり、夢見るような淡く繊細な花色があったり。近年の日本の育種家さんたちによって生み出されるパンジー＆ビオラには、いつまでも見入ってしまう魔力ともいえる美しさがあります。こうした個性的な花が毎年新しく誕生するので、冬のガーデニングも熱気を帯びます。新品種やレアな品種は限られた園芸店にしか入荷せず、個数制限がある場合も珍しくないので、SNSなどを駆使して普段からアンテナを張っておく必要があります。

個性的で目立つ花がある一方で、野に咲くスミレのように素朴な咲き姿の花も庭には欠かせません。パンジー＆ビオラは店頭に10月頃から並び始めます。寒さに向かってはそれほど生育せず、翌年3月以降、暖かくなるとググッと株が大きくなります。その頃には春の球根花などが咲き出してくるので、組み合わせを考えると、主張しすぎない控えめな花がぴったり。植物も場所や使い方次第で大活躍もすれば、逆に浮いてしまうことも。より素敵に見えるよう、適材適所で使い分けています。▶[小径の庭]

— P.113 —
パンジー＆ビオラ
Viola

— P.114 —
ガーデンシクラメン
Cyclamen persicum

— P.114 —
ペルネッティア
Gaultheria mucronata

上／駐車場に作ったレンガ花壇の植栽です。冬の冷たい空気の中でも暖かさを感じさせてくれる、鮮やかな暖色の花で揃えました。▶[レンガ花壇]
下／庭に飾ったクリスマスツリーの周りに、プレゼントの箱をイメージしてカラフルな寄せ植えを集合。賑やかで楽しい雰囲気に。▶[日向の庭]

ツリーと寄せ植えで華やかに

冬の草花は丈が低いため、遠目からは花が目立たず寂しい雰囲気です。加えて木々が落葉して、庭の向こうのコンビニが丸見えに。そこで冬は毎年、窓の側に目隠しも兼ねたクリスマスツリーを設置。周囲に寄せ植えを飾り、楽しげに演出します。室内から庭を眺める時間が増える寒い季節は、花色の鮮やかなものを選ぶと、遠目からも存在感が出ます。ここ山陰の冬は晴れの日が貴重で、陰鬱な雰囲気になりがちなので、明るく鮮やかな花で気分をアップ！花選びは好みの色に偏りがちですが、どこから眺めるかや気候特性なども考慮すると、より庭の魅力がアップします。毎日、窓から見える風景で気分は変わるもの。それを自分の手で作れるのがガーデニングの醍醐味。

毎年、冬に飾るクリスマスツリーは窓からよく見える場所に設置します。キラキラきれいなものへ、人の視線を誘導する作戦です。

61

庭がなくても楽しめる
寄せ植え

一つの鉢の中にさまざまな植物を植え、その華やかさや調和を楽しむ寄せ植え。広い庭がなくても植木鉢さえあれば、季節の花をいろいろ咲かせることができます。花を組み合わせるのはフラワーアレンジメントにも似ていますが、寄せ植えは植物が生育して日々姿を変え、楽しみが数カ月続くところが魅力。主に生育期間が1年以内の植物（一年草、または一年草扱いの宿根草）を使い、季節ごとに植え替えます。

※鉢サイズ／φ＝直径　H＝高さ　W＝横幅　D＝奥行き

上下バランスが華やかな寄せ植え

黄色とオレンジ色の花はゲウム。日本では「ダイコンソウ」という名で親しまれています。3cmほどの小輪の花を細い茎の先に咲かせ、風に揺れる風情が素敵です。株元に植えたのはオステオスペルマム。組み合わせはシンプルですが、上下のバランスで魅せる華やかな寄せ植えです。

鉢サイズ／φ40×H70cm

春

春になると園芸店に並ぶ花苗がガラリと変わり、寄せ植えの花材も豊富になるので、チェックしに出かけてみましょう。植物は暖かくなるにつれグングン生育するので、水やり（P.144）と花がら摘み（P.146）を習慣に。ときどき液肥（P.144）をあげると、花が長もちします。

3種で可愛い小鉢の寄せ植え

淡いピンクのベル形の花はオダマキ。丈夫な宿根草なので、花後は地植えで活用できます。黄色の花心が素朴な白花はハナカンザシ。5月頃まで延々と咲いてくれます。鉢縁に咲く白花は宿根性のイベリス。マット状に這うように生育するので、鉢縁から枝垂れるようになります。
鉢サイズ／φ16×H11cm

庭の彩りに活躍する大鉢

大鉢を使うと、草丈の低い花も鉢の分だけ高くなるので、庭風景の彩りとして活躍します。大鉢の寄せ植えでは、❹〜❼のような鉢縁からこぼれるように伸びるタイプのものを入れると見応えが出ます。
鉢サイズ／φ60×H48cm

❶マツモトセンノウ　❷サルビア・ネモローサ・アペックス　❸オダマキ'マーブル'　❹バーベナ　❺タイム・ロンギカウリス　❻ヘデラ　❼イチゴ

初夏

この先、気温がグングン上がっていくので、暑さに強い草花を選んで植えます。カリブラコアやペチュニアは暑さに強く、この季節定番の花。どちらも花色や花形のバリエーションが豊かで、選ぶのに迷うほど。茎が伸び、中央部の花が少なくなったら、切り戻しをするとまた楽しめます。

Point!
寄せ植えの名脇役

ユーフォルビア 'ダイアモンドフロスト'やクフェア・ピンクシマーのようなふわふわとした小花は、ちょうどアレンジメントの中の主役を引き立てる役目を果たし、全体をまとめるのに重宝します。どちらも半年以上長期間開花します。

ユーフォルビア
'ダイアモンドフロスト'

クフェア・ピンクシマー

2種の花と色鉢をコーディネート

赤い花はスーパーベル 'ダブルレッド'。白い花はユーフォルビア 'ダイアモンドフロスト'です。ユーフォルビアは真冬以外はほとんど一年中咲いていて、寄せ植えにボリュームを出してくれます。
鉢サイズ／φ15×H15cm

ラインで魅せる横長鉢

花の大きさが同じで花色が微妙に違うオレンジのミリオンベル・プチホイップ 'マーマレード'とピンクのスーパーベル 'ダブルピンクリップル'を横一列に植えた寄せ植え。間にチラチラと咲く白花は、ユーフォルビア 'ダイアモンドフロスト'とバーベナ。鉢縁にワイヤープランツを枝垂れさせて動きをプラス。
鉢サイズ／W52×D14×H20cm

あふれ咲かせるバスケット植え

淡い紫色の花はペチュニア 'パニエ'。小花はクフェア・ピンクシマー。鉢縁にアイビーを。バスケットの鉢は中にビニールが張ってあり、土がこぼれないようになっています。
鉢サイズ／W30×D18×H13cm

盛夏

植物には過酷な季節ですが、耐暑性に優れた品種が年々増えています。ラベルの記載を確認して植えましょう。観葉植物は熱帯地域原産で暑さに耐えるものが多いので、この季節限定で寄せ植えにするのも手です。ただし寒さには弱いので、秋になったら室内へ移動します。

リーフだけで作る夏の寄せ植え

2種類のポトスとヘデラ、ワイヤープランツの寄せ植え。全て枝垂れるリーフ類で、異なる色や形を魅力的に見せます。
鉢サイズ／W31.5×D16×H13cm

NG 観葉植物は置き場所に注意

観葉植物は暑さには強いですが、種類によっては直射日光が苦手で、葉焼けをするものがあります。ポトスなどがその代表。図鑑などで特性を調べ、直射日光の苦手なタイプは、木陰や庇（ひさし）のある場所などへ。

直射に強いカラーリーフが主役

赤花が咲く銅葉のカンナや、赤葉が印象的なガーデンカラジウム、表土を覆い隠すカラフルなリーフ類。どれも直射日光が当たっても傷まない、頼もしいカラーリーフです。
鉢サイズ／φ75×H70cm

❶カンナ‘トロピカル・ブロンズスカーレット’ ❷ガーデンカラジウム‘ハートトゥハート’ ❸アルテルナンテラ‘リトルロマンス’ ❹コリウス‘グレートフォールアンヘル’ ❺スーパーチュニア‘ブルーモーンプラス’

青色の小花で視覚的に涼を演出

青色の花で涼しげに。ラベンダーは夏の蒸れに弱いので、風通しがよく強光の当たらない場所へ。
鉢サイズ／Φ47×H60cm

❶サルビア・ファリナセア‘サリーファン’ ❷ラベンダー‘クリスタルフィン’ ❸イングリッシュラベンダー
❹フォックスリータイム ❺ロベリア

スカビオサ・ピンクは四季咲き性で、花がらを摘むと次々につぼみを上げ、長期間楽しめます。
鉢サイズ／φ33×H37cm

❻イングリッシュラベンダー ❼スカビオサ・ピンク
❽ユーフォルビア‘ダイアモンドフロスト’

秋

秋は再び寄せ植えの花材が増えてくる季節です。植物の生育はゆっくりですが、寒さによって色が濃くなる花やリーフ類があり、季節の変化が寄せ植えでも楽しめます。秋風に揺れるような茎の長いものを入れると風情が出ます。

秋色の寄せ植え

夕陽に映えるオレンジ色やブラウンの花やリーフが主役の大鉢の寄せ植え。
鉢サイズ／φ70×H50cm

❶チョコレートコスモス ❷マリーゴールド 'ファイヤーボール' ❸ミツバハマゴウ・プルプレア ❹ヒューケラ ❺ユーフォルビア 'ダイアモンドフロスト'

風に揺れるコスモス

秋の風に揺れる花は、室内から眺めていても風情を感じます。
鉢サイズ／W84×D34×H34cm

❶サルビア・アズレア ❷コスモス ❸ロータス・ブリムストーン ❹ネメシア ❺宿根バーベナ ❻スカビオサ 'ブルーバルーン' ❼フォックスリータイム

大胆なハロウィン風

カボチャをメインに、ダールベルグ
デージーや斑入りのキャットテールを
組み合わせて。
鉢サイズ／φ45×H32cm

着物のような彩りを

キクを主役に、着物のような艶やかな花色で組み合わ
せた寄せ植え。
鉢サイズ／φ37×H30cm

❶プレクトランサス'マジックモナ' ❷ペンタス ❸キ
ク'ストリームピンクバイカラー' ❹ダールベルグデー
ジー ❺カスミソウ'ジプシー' ❻キャットテール

ロングライフな寄せ植え

夏に植え込んで晩秋まで楽しめる花期の長い寄せ植え。
鉢サイズ／φ20×H20cm

❶ジニア ❷センニチコウ ❸アルテルナンテラ'リトルロ
マンス' ❹ダールベルグデージー

冬

冬は寄せ植えに最も適した季節。パンジー＆ビオラ、ガーデンシクラメンなど、花色のバリエーションが豊富なものが多く登場します。寒さのおかげで、どの花も冷蔵保存のように長くきれいに保て、虫はほとんどつきません。冬の寂しい庭に、彩りを添えるのにも活躍します。

3鉢をコーディネート

両サイドはビオラの寄せ植え。中央の長方形の鉢は❶サザンクロス❷カルーナ❸パンジー❹ロータス・ブリムストーン❺ガーデンシクラメン
鉢サイズ／W60×D23×H23cm

季節で姿の違いを楽しめる

白いバラのように見えるのはハボタン。春になって暖かくなると、右の写真のように中央からグングン茎が伸びて、ユニークな姿に変わります。
鉢サイズ／φ32×H15cm

クリスマスにぴったりの一鉢

赤い実のチェッカーベリーは鉢縁に植えてこぼれるように。赤色が際立つ、クリスマスにもぴったりの寄せ植え。
鉢サイズ／φ40×H33cm

❶カルーナ ❷スキミア・ルブラ ❸セリ・ピンクバリエガータ 'フラミンゴ' ❹ガーデンシクラメン ❺パンジー ❻チェッカーベリー

ミニバラを使った寄せ植え

ミニバラの開花株は、寒さで咲き進まず美しい花姿が長期間楽しめるので、冬の寄せ植えにこそおすすめ。
鉢サイズ／φ30×H16cm

❶ミニバラ ❷カルーナ ❸ガーデンシクラメン ❹ビオラ

春へ咲き継ぐ小さな花かご

冬に植え付けて、春まで花が途絶えない組み合わせ。鉢サイズ／φ30×H16cm

❶スキミア・ルブラ ❷パンジー 'ドラキュラ'
❸プリムラ・ジュリアン ❹スイートアリッサム

寄せ植えの基本的な作り方

【準備するもの】
●苗
●鉢
●鉢底石
●草花用の培養土（元肥入りのもの）

【あるとよいもの】
●活力剤
●水切りネット

鉢の準備

STEP 1

鉢を選びます。苗を買う前に、どの鉢に植えるか、どこに置くのかを決めておくと、最終的な見栄えがよくなります。

STEP 2

鉢底石を入れます。鉢底石を台所用の水切りネットに入れておくと、植え替えのとき便利。ネット入りの市販品もあります。

STEP 3

草花用の培養土を、鉢の7分目くらいまで入れます（元肥が入っていない培養土の場合は、ここで元肥を加えます）。

レイアウト

STEP 4

用意した苗を、まずはビニールポットのまま鉢の中に並べてレイアウトします。

Point! 配置のコツ

草丈の高くなるものは中央から後方へ、低いものや枝垂れるものは鉢の縁へ。花と花の間にリーフ類を入れると、花が際立って見えます。また、P.66に「名脇役」として登場したユーフォルビア ‘ダイアモンドフロスト’のような小花で間をつなぐようにすると、全体が調和して見えます。

植え込み

STEP 5

肩

レイアウトが決まったら、ビニールポットから苗を抜きます。ポットの中で根が回っている場合は、根をほぐします。根をほぐすことで、生育が促されます。

Point!
2つに分ける

ポットの苗が大きい場合、2つに分けて分散させて植えると、よりナチュラルな雰囲気に仕上がります。株元が複数に分かれていれば、根をほぐして分けられます。苗により分けられないものもあるので、無理はしないこと。

Point!
「肩」を落とす

根鉢の上の角張っている部分の土を落とします。植物同士を隣り合わせに植える際、肩がないほうが寄せやすく、馴染んだ仕上がりになります。

NG 根をいじられるのを嫌うタイプも

直根性といい、根がゴボウのようにまっすぐ伸びる植物は根をいじられるのを嫌うので、根はほぐさずそのまま植えます。例えば、クリスマスローズやクレマチス、シャーレーポピーなど。

仕上げ

STEP 6

3月

苗の間や鉢縁に丁寧に土を入れます。沈んでしまう植物があれば、一度抜いて土を足し、高さを調整します。水やりの際、水が一時的にたまるスペースを確保するために、土は鉢縁から3cmほど下を上限にします。活力剤を溶かした水をやり完成。活力剤は植え込んだばかりの植物の根の生育を助けます。

手入れ

水やり（P.144）とともに、定期的に液肥を施すと生育良好に。❶ラベンダー 'クリスタルフィン' ❷黄金シモツケ 'ホワイトゴールド' ❸タイム 'ドレスホワイト' ❹ワイヤープランツ 'ゴールデンガール' ※オステオスペルマム、ローダンセマム、ネメシアも植わっていますが、写真は花後。

STEP 7

6月

❶ ❷ ❸ ❹

5カ月咲き継ぐ 寄せ植えの作り方

たくさんの種類を植える寄せ植えでは、花の見頃もまちまち。
見頃が過ぎた植物を新しい苗と入れ替えながら、長く咲き継がせる例を紹介します。
さまざまな花を組み合わせ、ブーケのような華やかさが目を引く寄せ植えは、
植物が生育して、日々姿を変えゆく姿も大きな魅力です。
見頃が長いリーフ類は使い回し、主役を交代させてアップデートしながら、季節の花々を長く楽しみます。
抜き取った植物も、別の鉢や地植えに再活用すると、また新鮮な印象に。

5月

❶パニカム ❷スカビオサ 'バタフライ・ブルー' ❸リシマキア・アトロプルプレア 'ボジョレー' ❹ロフォミルタス 'マジックドラゴン' ❺クフェア・ピンクシマー ❻ミリオンベル・プチホイップ ❼ウンシニア・ルブラ。紫、赤紫の色をメインに、ベージュをサブカラーに。

7月

❶パニカムの穂がふわふわと伸びてきれいです。❸のリシマキアと❺のクフェアが丈高く伸び、5月より存在感が増しました。一方、❻のミリオンベル・プチホイップは花がいったん終わったため、代わりに❽ヘリオトロープを入れました。

12月

翌年3月

冬の寄せ植えは球根を仕込んで春を待つ

冬に寄せ植えを作る際、チューリップの球根を一緒に植え込んでおくと、春を待つ楽しみがいっそう大きくなります。冬はビオラやガーデンシクラメン、アリッサムなどが咲いていた寄せ植えですが、翌年の春には主役を赤いチューリップに交代し、ふわふわと咲くビオラは脇役に回ります。

寄せ植え花材を地植えで再活用！

9月

❽のヘリオトロープがもりもりと育ち、存在感を増しています。❾アスター'レディーインブラック'❿アルテルナンテラ'リトルロマンス'⓫セダム'ゼノックス'を新しく加えました。カラーリーフは大きくなったら間引いて、地植えで再活用します。

10月

❾のアスターが咲き出しました。❿のアルテルナンテラは抜き取り、庭のあちこちに再活用。⓫セダムは花色が褪せたタネ姿もユニークなので残しておきます。❽のヘリオトロープの花後には、⓬ヒューケラと⓭アルテルナンテラ'キャッツラマーズ'を。

奥行き35cmで花が咲き継ぐ
狭小花壇の四季

フェンス高さ
花壇奥行き
地面からの高さ

ここは奥行き35cm、高さ50cm、幅20mの細長い花壇。隣家との境になる場所で、背後は高さ約180cmの木製フェンスを立てています。植栽スペースは狭いものの、この背後のフェンスを利用してつる植物を誘引すると、緑の量感もあり華やかな空間にすることができます。また、花壇の高さを目線に近づけるのも、狭さを感じさせないコツです。40cm以上の深さがあれば、バラもしっかり根を張ることができ、大きく育ちます。

赤色をテーマに花材を集めたエリア。こんもりと茂るデージーやパンジー＆ビオラの中から、チューリップやアネモネが長い茎を伸ばして変化をつけてくれます。

❶バラ
❷チューリップ
❸アネモネ
❹デージー
❺パンジー＆ビオラ

オレンジ色のラナンキュラス・ラックスが花束のように華やかに咲きます。球根で年々、株が大きくなります。

❻ラナンキュラス・ラックス

春

フェンス際にバラを、手前は一年草を中心に植えています。春にはバラの葉が茂り始め、緑のキャンバスとなって手前の草花を美しく見せてくれます。一年草はパンジー＆ビオラのような多花性で色の鮮やかなものが多く、小さなスペースでも花いっぱいの雰囲気が作れます。また、季節ごとに植え替える一年草ならいろいろな花を楽しめます。基本的には後ろから手前に、だんだんと草丈が低くなるように配植します。この花壇の場合は敷地に沿って20mの長さがあるので、要所要所に宿根草を植えています。

初夏

色変わりがユニークなフランス作出の
バラ'ロソマーネ・ジャノン'。株元に咲く
黄色の花は宿根草のバルビネ（ブルビネ
ラ）。ふわふわとした青花は、こぼれ種で
コンクリートの隙間から発芽した一年
草のニゲラ。夏に咲くダリアの葉も茂っ
てきています。

❶クレマチス'エトワール・バイオレット'
❷バラ'ロソマーネ・ジャノン'
❸バルビネ（ブルビネラ）
❹ニゲラ

フェンスに誘引したバラが開花し、まるで花のスクリーンのよう。狭
小花壇でも、バラは根が育つ空間として1株につき30〜40cm立
方の地面があれば、その威力を十分発揮できます。つるバラには5
m以上伸びる大型のものもありますが、狭い場所では「半つる性」
といわれる比較的コンパクトな樹形のほうが扱いやすいでしょう。
株元付近は花が咲かないので、草丈の低い草花で彩りを添えてい
ます。バラには青色の花がないので、青い花の咲くものを組み合わ
せると、お互いに引き立ちます。一年草のニゲラはこぼれ種でよく
増え、丈夫なのでおすすめ。

つる植物のクレマチスとスイートピー。宿根草のクレマチスは生育旺盛。バラに覆いかぶさって開花を妨げることがあるので、株間をあけて植えるとよいでしょう。

❶クレマチス ‘エトワール・バイオレット’
❺スイートピー

狭小花壇に植えているバラは全て、半つる性。
手前の赤いバラは‘ムンステッド・ウッド’。

盛夏〜秋

夏から秋にかけては主にダリアを咲かせています。ダリアは球根植物で、一度植えると何年もよく咲きます。6〜7月にまず最初の花が咲ききったら、一度切り戻しをします。下から3〜4節を残して約半分くらいバッサリ。ダリアは生育旺盛でよく茂り、風通しが悪くなりがち。うどんこ病にもかかりやすくなるので、一度ここでさっぱりさせましょう。秋には新しい葉が伸びて、再び美しい花を咲かせてくれます。秋の花が咲き終わって葉が黄色くなったら、地際で切ります。過湿や霜で球根がダメになることがあるため、地域によっては掘り上げますが、地面から50cm高いこの花壇では植えっぱなしで大丈夫。理由は、花壇の縁に囲まれた地中は保温性も排水性もあるから。球根が蒸れずに越冬できるのです。

❶バラ
❷ヘーベ 'アイスイザベラ'
❸ロフォミルタス 'マジックドラゴン'
❹パンジー＆ビオラ

冬

主な花材は、寒さに強い一年草のパンジー＆ビオラです。同
じ冬の花材でもガーデンシクラメンなどは雪で花が枯れる
ので、軒のないこの場所には植えません。12〜2月までは
寒さであまり株が生育しないので、植栽時は株間をあまり
あけないほうがきれいに見えます。単調にならないように、
株の間や背後に常緑低木のヘーベ 'アイスイザベラ'やロ
フォミルタス 'マジックドラゴン'などのカラーリーフ類を入
れています。初夏に咲いてくれたバラは、2月までには剪定・
誘引を済ませましょう。狭小花壇は土の量が限られている
ので、施肥も必須。剪定・誘引とセットで行いましょう。

第 2 章

庭の植物選び

5つのエリアがあるこの庭では、200種以上の植物が育っています。
多くの植物を1苗1苗どこに植えるかは、
まず以下の項目を確認してから決めます。適材適所に植えた後は、
P.121〜155のガーデニング作業を参考に、
日々の手入れをしましょう。

<植物選びのヒントになる項目>
●植物の種類　●育ちやすい環境の目安
●咲く時期（花期）　●草丈・樹高　●特徴

P.85〜87「植物のライフサイクル」では、各植物グループの特徴を。
P.88では、「半日陰」という環境で育つ植物について。
P.89では、異なるフォルムで注目の「つる植物」と「這い性植物」を解説。
P.90〜115では、季節ごとにおすすめの植物を114種紹介。
あなたの庭の植物選びに、ぜひ役立ててください。

「季節を咲き継ぐ植物図鑑」(P.90〜115) の見方

咲く時期をチェック！

植物の種類　園芸的分類　▶P.85〜87で解説

育ちやすい環境の目安（日向・半日陰）▶P.88で解説

手入れのヒント　▶P.154で解説

宿根草・半日陰・こぼれ種
花期：1〜3月　草丈：約30cm

キンポウゲ科

クリスマスローズ

草丈の低い植物が多い早春に、庭を立体的に見せてくれる貴重な存在。一重のほか、八重や半八重があり花色も豊富。とてもよく増える。

成長した際の平均的な高さ

科名　植物分類体系に基づいた科名。
　　　　仲間の植物を探す手がかりになります。

植物の名前
　　　　園芸店などで苗を購入する際の手がかりにも
　　　　なる一般的な名称。' 'の中は、園芸品種名。

特徴と魅力　花色のバリエーションや栽培の補足など。

※開花期は関東・関西・山陰地方の平地を目安にしたものです。
　寒冷地や暖地では開花期間が前後します。
※本書では、植えっぱなしで長生きする植物のグループとして
　宿根草（多年草を含む）を紹介しています。

植物選びの基礎知識

植物を選ぶときに、見た目だけでなく植物の生育上の特性を知っていると、より庭の中で生かすことができます。例えば、植物には当然寿命がありますが、ワンシーズンで終わるものもあれば、何年も繰り返し咲くものもあります。また、日向を好むものもあれば、強い光を好まないものもあります。上に伸びるだけでなく這って伸びたり枝垂れたり、生育の仕方もさまざま。こうした個性やライフスタイルを知って、適材適所に植栽すれば、植物が本来の力を発揮してくれます。また一つに偏らず組み合わせて使うことで、庭を華やかにしつつ管理を楽にすることができます。

植物のライフサイクル

一年草

水色の花はワスレナグサ。春から初夏にかけて咲き、こぼれ種でよく増えます。草丈30〜50cm。手前の花は品種が多く、花色豊かなパンジー＆ビオラ。

春・初夏・秋・冬に植え替え

寿命が1年以内の草花のグループを「一年草」と呼び、主に春〜夏に咲くものと、秋〜冬に咲くものがあります。多花性で華やかなものが多くあり、寿命を終える頃には花が咲かなくなってきたり、葉が枯れてきたりするので、抜いて次のシーズンのものに植え替えます。この作業が1年に数回発生するので、植栽エリアの手前のほうへ配置すると作業しやすいです。

★一年草はワンシーズン限りの株で、タネをつけ、それがこぼれて自然に翌年も発芽する「こぼれ種（だね）で増える植物」もあります。増えやすい植物は、P.90〜115を参考に。

右からロベリア（濃い青）、スーパーチュニア（2色咲き）、イソトマ（淡い青色）、スーパーチュニア（白色）。暑さに強い夏の一年草。

球根植物

品種によって植え替えあり

球根は花が咲かないという失敗の少ない植物で、初心者にもおすすめのグループ。スイセンやユリ、原種チューリップなどは一般的に植えっぱなしで何年も咲き、球根が分球して増えていきます。そういうものは、光合成で葉から栄養を球根に送っているので、花後も葉が黄色くなるまで抜きません。一方、ワンシーズン限りで寿命が終わるものもあります。同じチューリップでも園芸品種は後者に当たり、これらは毎年植え直す必要があります。

左上／園芸品種のチューリップ。ワンシーズン限り。
上／アリウム・ギガンチウム。基本的にワンシーズン限り。条件次第で2年目以降咲くことも。
左／スイセン。植えっぱなしで毎年増えていきます。

左／ハイブリッド・ジギタリス。常緑で植えっぱなしで株が太り、年々見事に。主に初夏に開花。
下／西洋オダマキ。春、チューリップとバトンタッチして咲きます。こぼれ種で年々増えます。

宿根草

植え替えなし

休眠前に地上部の葉がなくなり、生育期になると再び芽吹きます。株が太ったり、こぼれ種で花数が年々増えたりすることもあるコスパのよい草花です。基本的には一度植えたら植え替えはしないので、事前によく場所を吟味しましょう。本来の性質は宿根草でも、気候条件によって1〜2年で株が絶えるために「一年草」や「二年草」扱いとなるものがあります。

植物のライフサイクル

樹木

植え替えなし

樹木は生育すると大きくなり移動が困難なので、植える前に場所をよく吟味しましょう。また、最終的な樹高や樹形は必ずチェック。一年中葉が緑を保つ常緑樹は落ち葉も少なく掃除は楽ですが、その下は一年中陰になりがちです。春から夏にかけて葉を茂らせ、秋から冬に落葉する落葉樹は、草花にとってハードな季節変化を和らげてくれます。いずれも樹高や樹形をコントロールするための剪定は必須です。

左／ウワミズザクラ。春は白い花、初夏は黒い実、秋は紅葉が楽しめる落葉高木。
右／ジューンベリー。初夏に甘酸っぱい赤い実がなります。春の白い花、秋の紅葉と楽しみが多い果樹。

左／つるバラ 'ポールズ・ヒマラヤン・ムスク'。バラも樹木の仲間。ほとんどの品種は落葉します。
右／西洋ツゲ。常緑で、密に茂る葉を刈り込んで形を仕立てる「トピアリー」に向きます。

バイカウツギ 'ベルエトワール'　低木　花期：初夏　樹高：3m前後

左／タイツリソウ 'ゴールドハート'　宿根草　花期：春〜初夏
草丈：60〜80cm　右／アジサイ '霧島の恵'　低木　花期：
初夏〜秋　樹高：80〜100cm

左／コバノズイナ　低木　花期：晩秋〜初夏　樹高：1m前後
右／ニホンサクラソウ　宿根草　花期：春　草丈：15〜20cm

左／ムラサキツユクサ　宿根草　花期：初夏　草丈：30〜80cm
右／プリムラ・シネンシス　宿根草　花期：春　草丈：15〜20cm

栽培環境

半日陰の植物

日陰の場所にも彩りを

植物は基本的に日光がまったく差さない所では生きられません。ただし、あまりカンカン照りを好まず、短時間の日照でも美しい花を見せるものもあります。庭が日陰になりがちな場所では、こうした植物の中から選ぶとよいでしょう。葉色の明るいものを植えると、空間を明るくすることができます。ここでは半日陰でも育つものをピックアップします。

エビネ　宿根草　花期：春　草丈：30〜50cm

つる植物

立体的な景色が作れる

茎がしなやかで、自立せずに構造物やほかの植物を支えにして生育する植物。一年草、宿根草、樹木、どの種類にもつる性があり、庭ではフェンスや柱などに誘引して、景色を作ります。限られた植栽スペースでも空間を立体的に使って、広い範囲を緑化できるため、狭小地では特に活躍します。使い方によっては目隠しとしても機能します。

紫色の花は宿根草のクレマチス。旺盛に茂り初夏に花を咲かせ、冬は地上部がなくなります。ピンクの花は半つる性バラ。

這い性植物

雑草対策にも効果的

上に伸びずに地面を這うように広がっていく植物で、「グラウンドカバープランツ」とも呼ばれます。草丈は10cm前後で、カーペット状に広がり美しい風景を作ります。また、雑草が生える隙を与えないため雑草対策にも有効。地面の温度上昇を抑える機能も果たしてくれます。地植えはもちろん、寄せ植えでも鉢縁に植栽すると、枝垂れて自然な雰囲気を作ります。

上／スイートアリッサム。真夏と厳冬期を除く期間はずっと咲いています。ときどき切り戻します。
下／ベロニカ 'マダムマルシア'。春から初夏にかけて淡い紫色の小さな花が咲き広がります。

季節を咲き継ぐ植物図鑑

まだ寒さの残る早春の庭には、小花が群生して咲き広がるタイプを入れると
華やかさを演出できます。また、生育力の強い球根類も欠かせません。

宿根草・半日陰・こぼれ種
花期：1〜3月　草丈：約30cm
キンポウゲ科

クリスマスローズ

草丈の低い植物が多い早春に、庭を立体的に見せてくれる貴重な存在。一重のほか、八重や半八重があり花色も豊富。とてもよく増える。

球根植物・半日陰　花期：4〜5月
草丈：40〜60cm　ユリ科

バイモ

古くから茶花として親しまれてきた。花弁の内側に網目模様が入ることからアミガサユリとも。細い葉は先端がつるのようにカールする。

球根植物・日向　花期：1〜4月上旬
草丈：15〜20cm　ヒガンバナ科

原種スイセン・バルボコディウム

植えっぱなしで毎年咲く原種のミニスイセン。一般的なスイセンよりもコンパクトで、早春にラッパのような可憐な花を咲かせる。香りがある。

球根植物・日向
花期：2〜4月　草丈：5〜10cm
アヤメ科

クロッカス

早春の光の中で一斉に咲く鮮やかな色
彩のクロッカスは、春の訪れを告げる
代表的な花。葉が出ている時期は日当
たりのよい場所で育てる。

球根植物・日向
花期：2〜3月　草丈：5〜30cm
ヒガンバナ科

スノードロップ

早春に咲く純白の花は雪の雫のよう。
可憐で、多くのガーデナーに愛される
球根花。落葉樹の下など、夏は日陰、晩
秋から早春は日が当たる場所がよい。

一年草・日向
花期：4〜6月　草丈：約40cm
マメ科

ルピナス・ピクシーデライト

初夏にチョウに似た花が咲き上がる。
花穂は20cmほどとコンパクトに収ま
る品種で、分枝性がよい。宿根草の品
種もあるが、暖地では一年草扱い。

一年草・日向・こぼれ種
花期：3〜6月　草丈：5〜10cm
アブラナ科

イオノプシジウム

薄紫色の小花が次々と咲き、花期が長
く育てやすい。花壇の縁取りや寄せ植
え、グラウンドカバーなどに。とてもよく
増える。

宿根草・日向　花期：1月中旬〜5月、
9月中旬〜11月中旬
草丈：20〜80cm　キク科

オステオスペルマム

パッと開いた明るい印象の花が次々と
咲く。夜や天気の悪い日は花弁を閉じ
る。さまざまな園芸種があり、カラー
バリエーション豊富。

一年草・日向・こぼれ種
花期：1〜4月　草丈：10〜50cm
サクラソウ科

プリムラ・マラコイデス 'ウィンティー'

可愛らしい花をふんわりと咲かせるサ
クラソウの仲間。秋に種まきをすると、
早春から開花を楽しめる。小輪品種は
こぼれ種でもよく増える。

＊3〜6月はまだ日の光が強くないので、本来半日陰を好む一年草も、日向で育つことがあります。

一年草・半日陰・こぼれ種
花期：4〜5月　草丈：10〜20cm　ムラサキ科

ネモフィラ ‘ペニーブラック’

一般的な空色のネモフィラとは異なり、白い縁取りの黒花でやや小輪。環境に合えば、こぼれ種で増える。

一年草・日向
花期：4〜5月　草丈：約20cm　キク科

フェリシア ‘スプリングメルヘン’

ブルーデージーの仲間で、パステルブルーを基本に白やピンク、紫などの花色がある。よく分枝し生育旺盛。

宿根草・半日陰
花期：4〜6月　草丈：20〜30cm　ムラサキ科

オンファロデス・カッパドキカ ‘スターリーアイズ’

青色の小花には白から淡青色の縁取りが入り、2色咲きになる。ワスレナグサより花が大きく長もち。

一年草・日向・こぼれ種
花期：4〜5月　草丈：30〜50cm　ムラサキ科

セリンセ・マヨール

銀色がかった青緑色の葉に、青紫色のグラデーションの花。ユニークな花姿は庭で目を引く存在。とてもよく増える。

宿根草・日向・こぼれ種　花期：4月中旬〜5月下旬
草丈：30〜40cm　キンポウゲ科

オキナグサ

うつむいて咲く花と銀葉が美しい山野草。花後は綿毛のようなタネができ、水はけのよいところでは、こぼれ種で増える。

宿根草・日向・こぼれ種
花期：3〜5月　草丈：10〜15cm　キク科

イングリッシュデージー

花径2cmほどで、黄色の花心に白の一重の花が野原のように素朴な雰囲気。ヒナギクとも。とてもよく増える。

球根植物・日向
花期：4〜5月　草丈：80〜120cm
ヒアシンス科

カマッシア

長く伸びた茎にたくさんのつぼみを
つけ、下から順に星形の花が咲き上
がる。花色は青、紫、白など。強健で育
てやすい。

球根植物・半日陰
花期：4〜5月　草丈：20〜40cm
キジカクシ科

イングリッシュブルーベル

すんなりとした青紫色の花穂は、少しう
つむいて咲く。落葉樹の下など、環境に
合うと、とてもよく増えて群れ咲く。

一年草・日向・こぼれ種
花期：5〜6月　草丈：40〜60cm
アブラナ科

ルナリア・アンヌア

春に紫色の花をたくさん咲かせる。強
健で道端などでも野生化した姿をよ
く見かける。こぼれ種で増えることも
ある。

宿根草・日向・こぼれ種
花期：4〜5月　草丈：5〜10cm
ナデシコ科

アレナリア・モンタナ

株一面に白い花を咲かせ、枝垂れる
ように育つ。高温多湿を嫌うので、夏
の過湿に注意し、水はけのよい場所
で育てる。

一年草・半日陰・こぼれ種
花期：4〜6月　草丈：15〜20cm
リムナンテス科

リムナンテス・ダグラシー

真ん中が黄色、周りが白の花姿から、
英名はポーチド・エッグ・プランツ。こ
んもりと茂った株姿になり、グラウンド
カバーやハンギングにも向く。

一年草・日向・こぼれ種
花期：4〜6月　草丈：30〜40cm
ムラサキ科

オンファロデス・リニフォリア

白い小花が群れ咲き、カスミソウのよ
うな優しい雰囲気。寄せ植えや花壇
で、ほかの花とも合わせやすい。とて
もよく増える。

球根植物・日向
花期：3〜5月　草丈：15〜50cm
キンポウゲ科

アネモネ・コロナリア・ダブル

雄しべや雌しべが変化した鮮やかな真紅の花弁が数えきれないほど重なり、とても華やか。病害虫に強く、植えっぱなしでよく咲く。

球根植物・日向〜半日陰
花期：3〜5月　草丈：30〜50cm
キンポウゲ科

ラナンキュラス・ラックス

花弁にロウのような光沢があり、光が当たると艶めきを放つ。地域によっては植えっぱなしで球根が大きくなり、年々、花数が増える。

一年草・日向・こぼれ種
花期：5〜7月　草丈：約30cm
アカネ科

アスペルラ・オリエンタリス

茎の頂部に青紫色の爽やかな筒状の花を咲かせる。茎が華奢で、葉も細く全体的に繊細な雰囲気。環境に合えば、こぼれ種で増える。

宿根草・半日陰・こぼれ種
花期：5〜6月　草丈：30〜50cm
キンポウゲ科

西洋オダマキ

バリエーション豊かな花の色と形が魅力。繊細な造形とは裏腹に、性質は丈夫で育てやすい。環境に合えば、こぼれ種で増える。

宿根草・半日陰・こぼれ種　花期：5〜6月
草丈：10〜60cm　バラ科

ゲウム ‘マイタイ’

ユニークなゴールドブラウンの花色で、半八重咲きの品種。花径は3cmほど。

球根植物・日向　花期：4月
草丈：10〜20cm　ユリ科

原種チューリップ ‘ブライトジェム’

明るいクリームイエローの可憐な花姿。草丈が低い原種のチューリップで、植えっぱなしで毎年咲く。

季節を咲き継ぐ植物図鑑

一年で最も庭が華やかになる季節、素材となる植物も豊富にあります。
選ぶのに迷ったら、今年のテーマを決めてそれに沿うとよいでしょう。

初夏

一年草・日向・こぼれ種
花期：5〜7月　草丈：70〜100cm
ムラサキ科

シノグロッサム

シナワスレナグサとも呼ばれ、初夏にワ
スレナグサに似た澄んだ水色の花を咲
かせる。葉が銀色がかるのも特徴。環境
に合えば、こぼれ種で増える。

一年草・日向・こぼれ種　花期：4〜6月
草丈：40〜70cm　ハナシノブ科

ギリア・カピタータ

細い茎に、涼しげな青い小花が密集し、
球状になる。切り花やドライフラワーとし
ても楽しめる。環境に合えば、こぼれ種
で増える。

一年草・日向・こぼれ種　花期：4〜6月
草丈：30〜80cm　ハナシノブ科

ギリア・トリコロール

黒い花心に淡い上品な色合いの花がたく
さん咲く。日当たりのよい乾燥気味の場所を
好み、環境に合えば、こぼれ種で増える。

一年草・日向・こぼれ種
花期：4月下旬〜7月上旬
草丈：40〜100cm　キンポウゲ科

ニゲラ

ふんわりとした糸状の葉の中に青色の
花を咲かせ、爽やかな彩りに。花後の
シードヘッドも魅力。とてもよく増える。

二年草・日向
花期：5〜7月　草丈：50〜100cm　キキョウ科

カンパニュラ・メディウム／カンパニュラ ‘涼姫’

左／メディウムは、まっすぐ伸ばした茎に、ふっくらとした釣り鐘形の
花を上向きに咲かせる。花色は白、ピンク、紫など。
右／‘涼姫’は涼やかなスカイブルーの小花で、花つきがよく、まっす
ぐに立つ草姿も美しい。花壇のボリュームアップやバラの下草にも。

宿根草・日向・こぼれ種
花期：5〜7月　草丈：60〜100cm
スイカズラ科

スカビオサ ‘ドラムスティック’

茎を伸ばして、爽やかでとても淡い紫
色の花を次々と咲かせる。花後にでき
るシードヘッドもユニーク。環境に合え
ば、こぼれ種で増える。

宿根草・日向
花期：5〜7月　草丈：50〜75cm　シソ科

サルビア・ネモローサ ‘カラドンナ’／サルビア・ネモローサ ‘スノーヒル’

左／‘カラドンナ’は、長くまっすぐ立ち上がる黒褐色の茎に、青紫色の花のコントラストが
インパクト抜群。花期も長く、丈夫で育てやすい。
右／‘スノーヒル’は、爽やかな印象の白花品種。小さな花が密に咲き揃う穂状花で、ホワ
イトガーデンにもおすすめ。花後に切り戻すと、繰り返し咲く。

球根植物・日向
花期：5〜6月　草丈：80〜100cm
ネギ科

アリウム・ニグルム

中心に緑色の子房を持つ小さな白い
花が、半球形の花序（かじょ）となって
咲く。繊細な雰囲気で、ローズガーデ
ンの下草にも向く。

一年草・日向・こぼれ種
花期：5〜6月　草丈：70〜100cm
ナデシコ科

アグロステンマ

スッと伸ばした茎の先に、白やピンク
の花を咲かせる。ヨーロッパでは麦畑
の雑草として知られるほど丈夫。環境
に合えば、こぼれ種で増える。

宿根草・日向
花期：5〜6月　草丈：20〜150cm　キンポウゲ科

デルフィニウム・エラータム系／デルフィニウム・ベラドンナ系

左／エラータム系のデルフィニウムは、高温多湿を苦手とし、暖地では一年草
扱い。長い花穂にたっぷりと花を咲かせ、華やかな雰囲気。
右／ベラドンナ系は、エラータム系に比べ、華奢な草姿でより繊細な印象。ナ
チュラルガーデンにもおすすめ。

一年草・日向・こぼれ種
花期：4月中旬〜7月中旬
草丈：15〜80cm　ケシ科

シャーレーポピー

花の色も形もバリエーション豊か。一重
から八重、赤やピンク、覆輪など、咲い
てみるまでどんな花か分からないサプ
ライズ感も楽しい。

宿根草・日向・こぼれ種
花期：5〜7月　草丈：40〜60cm
ゴマノハグサ科

バーバスカム ‘サザンチャーム’

アンティークカラーの花色の混合品種
で、花心の紫色と好対照。花期が長く、
コンパクト。環境に合えば、こぼれ種で
増える。

一年草・日向・こぼれ種
花期：5〜7月　草丈：30〜60cm
シソ科

ペインテッドセージ

穂の先端の苞（ほう）が花びらのように
色づき、初夏から秋まで長期間観賞で
きる。色はピンク、紫、白など。環境に合
えば、こぼれ種で増える。

宿根草・日向・こぼれ種
花期：5〜7月　草丈：約60cm
イネ科

ホルディウム・ジュバタム

ピンクを帯びたライムグリーン色の穂が美
しいオーナメンタルグラス。暖地では一年
草扱い。環境に合えば、こぼれ種で増える。

宿根草・日向
花期：5〜6月　草丈：60〜80cm
オオバコ科

ジギタリス・ルテア

スッと伸ばした茎に小さな花が連な
る、原種のジギタリス。何年も宿根す
る。野趣ある姿で、ナチュラルな植栽
によく似合う。

宿根草・日向・こぼれ種　花期：5〜7月上旬
草丈：40〜70cm　オオバコ科

リナリア・パープレア

紫花を咲かせる原種で、葉色とのコントラストが美し
い。背の高いすっきりとした花姿が優雅。こぼれ種で増
えることもある。

宿根草・日向
花期：5〜11月　草丈：60〜80cm
オオバコ科

ハイブリッド・ジギタリス

一般的なジギタリスに比べてよく分
枝し、より丈夫な性質に改良された
品種。開花期間も長く、植えっぱなし
で何年も楽しめるのも魅力。

宿根草・日向・こぼれ種
花期：4〜7月　草丈：約50cm　サクラソウ科

リシマキア・アトロプルプレア ‘ボジョレー’

シルバーリーフと濃い赤色の花穂というアンティークカラーが美しく、カラーリーフとしても活躍。環境に合えば、こぼれ種で増える。

一年草・日向　花期：5〜7月
草丈：50〜120cm　ハナシノブ科

フロックス ‘クリームブリュレ’

フロックスは宿根草と一年草があるが、これは一年草タイプ。グラデーションの花色が美しく、花期も長い。

球根植物・日向
花期：6〜7月　草丈：80〜120cm
ユリ科

シャンデリアリリー

華奢な細い茎を伸ばし、下から花が咲き上がる。繊細で素朴な雰囲気だが、あちこちを向いて咲く花姿は、まさしくシャンデリアのよう。

球根植物・日向
花期：6〜7月　草丈：80〜120cm
ユリ科

スカシユリ

黄色や橙色、赤色などの鮮やかな花々が華やかな景色を作る。スカシユリ系は、ユリの中でも一番丈夫で育てやすい。

樹木・半日陰　花期：6〜7月
樹高：100〜150cm　アジサイ科

アメリカノリノキ ‘アナベル’

大きく真っ白な花房が楽しめる、アメリカノリノキの園芸品種。春に花芽ができるので、冬でも剪定できる。

宿根草・日向・こぼれ種　花期：4〜6月
草丈：30〜70cm　ナデシコ科

リクニス・フロスククリ

切れ込みのある繊細な美しいピンクの小花をたくさん咲かせる。暑さ寒さに強く丈夫で、開花期も長い。こぼれ種で増えることもある。

宿根草・日向・こぼれ種
花期：5〜7月　草丈：50〜80cm
スイカズラ科

セントランサス

小さな花がたくさん集まり房状の花序
（かじょ）を作る。ベニカノコソウの和名
の通り、赤紫色の花をよく見かけるが、白
花種も。こぼれ種で増えることもある。

球根植物・日向　花期：5〜6月
草丈：約50cm　ネギ科

アリウム・クリストフィー

星形の花が集まった花序（かじょ）が直径
20cmにもなる大型のアリウム。一つの花
序につく小花は、控えめで繊細な雰囲気。

タネ

宿根草・日向・こぼれ種　花期：8〜11月
草丈：40〜60cm　スイカズラ科

スカビオサ・デビルズビット

マツムシソウの仲間で、丸いポンポン状のライラック色の花を咲かせる。気温が低くなると青みが濃くなり、いっそう目を引く。

宿根草・日向・こぼれ種　花期：6〜8月
草丈：10〜60cm　ナデシコ科

カワラナデシコ 'ミーティア'

やさしい草姿に可憐な花を咲かせ、香りも魅力。種類が豊富で世界中に分布し、さまざまな品種がガーデニングに利用されている。

宿根草・日向　花期：4月中旬〜10月
草丈：20〜300cm以上　キンポウゲ科

クレマチス

古くから親しまれているガーデンプランツの一つで、非常に種類が豊富。つる性なので、構造物に絡めて庭を立体的に演出できる。

球根植物・日向　花期：5〜6月
草丈：60〜70cm　ネギ科

アリウム '丹頂'

小さめの円形の花を咲かせる、アリウムの小輪品種。開花期間が長く、少しずつ紫の色合いを深めていくつぼみも愛らしい。

季節を咲き継ぐ植物図鑑

猛暑や豪雨など、植物にも人にも過酷な季節。耐暑性に優れたものや、
花がら摘みの手間がないカラーリーフを入れると真夏も庭を美しく保てます。

盛夏

一年草・日向　花期：4〜11月
草丈：10〜30cm　ナス科

スーパーチュニア

雨に弱いというペチュニアの弱点を克服し、より丈夫で夏の強光下でもボリュームたっぷりに育つ改良品種。花色も豊富。

宿根草・日向・こぼれ種　花期：5月中旬〜8月中旬
草丈：20〜120cm　キク科

アキレア

伸びた茎の先にまとまって小花を咲かせ、色の面を作る。花色は白のほか、赤やピンク、黄など。葉には細かい切れ込みが入る。

一年草・日向・こぼれ種
花期：5〜10月
草丈：30〜100cm　ナス科

ニコチアナ

ロゼット状の株から茎を伸ばし、白や赤、ピンク、緑などの星形の花を、初夏から秋にかけて咲かせる。環境に合えば、こぼれ種で増える。

球根植物・日向　花期：6〜9月
草丈：80〜100cm　キク科

リアトリス

花は花序（かじょ）の先端から咲き始める。スラリと長く伸ばした花穂が美しく、庭のアクセントになる。丈夫で育てやすい。

宿根草・半日陰・こぼれ種　花期：6〜9月
草丈：80〜120cm　クマツヅラ科

バーベナ・ハスタータ

可愛らしいとんがり形の花を多数咲かせる宿根タイプ。こぼれ種でも増えることがある。群生して風に揺れる姿が美しい。

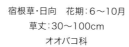

宿根草・日向　花期：6〜10月
草丈：30〜100cm
オオバコ科

アンゲロニア

よく分枝し、初夏から秋まで次々と花を咲かせて長く楽しめる。暑さや直射日光に耐え、半日陰でも育つ。日本では一年草扱い。

宿根草・日向
花期：5〜11月　草丈：25〜50cm　シソ科

サルビア・ファリナセア 'サリーファン'

ラベンダーのような爽やかな花を咲かせ、白花や2色咲きの品種も。半耐寒性の宿根草だが、一年草扱いされることも多い。

球根植物・日向　花期：6〜7月
草丈：30〜150cm　ヒガンバナ科

アガパンサス 'クイーンマム'

茂った葉の間から茎を立ち上げ、涼しげな花を多数咲かせる。存在感があるのでフォーカルポイントにも。丈夫で育てやすい。

一年草・日向
花期：7〜9月
草丈：20〜80cm　キク科

ミニヒマワリ

草丈も花もミニサイズのヒマワリで、よく分枝して1株で何十輪もの花を夏から秋まで咲かせる。コンパクトに収まるので扱いやすい。

宿根草・日向・こぼれ種　花期：6〜9月
草丈：40〜150cm　キク科

ルドベキア 'アーバンサファリ'

初夏から夏にかけて、黄色や赤茶色、黄色の中に赤茶色の模様が入った花を咲かせる。病害虫にも強く丈夫。

球根植物・日向
花期：6月〜10月中旬
草丈：40〜160cm　カンナ科

カンナ

真夏の炎天下でも元気に育ち、大きな葉の間に色鮮やかな花を咲かせる。葉色が美しい品種も多く、カラーリーフとしても魅力的。

球根植物・半日陰〜日向
草丈：10〜30cm　サトイモ科

ガーデンカラジウム

模様が入ったカラフルなハート形の葉は、トロピカルな雰囲気で夏にぴったり。高温多湿に強く、日陰でも直射日光の下でも栽培できる。写真の品種は、'ハートゥハート'。

一年草・日向
草丈：20〜100cm　シソ科

コリウス

カラフルな葉を観賞するカラーリーフプランツ。葉色のバリエーションは非常に豊富で、とても華やか。初夏から秋まで長く楽しめる。

宿根草・日向
花期：5〜10月
草丈：80〜120cm　クマツヅラ科

スーパーベナ

小さい花がたくさん集まり、手まりのように咲く。バーベナの改良品種で、花房が大きくより華やか。暑さや病気にも強く育てやすい。

宿根草・日向　花期：4〜11月
草丈：20〜100cm　フウロソウ科

ゼラニウム・カリエンテ

艶のある葉と赤い花の対比が美しい、アイビーゼラニウムとの交配種。茎が枝垂れるように広がって育つ。

一年草・日向　花期：5〜11月
草丈：10〜80cm
キョウチクトウ科

ニチニチソウ

高温と日照を好み、乾燥に強い丈夫な植物なので、夏の花壇には欠かせない。近年は個性的な花形の品種も多数登場。

宿根草・日向・こぼれ種
花期：6月中旬〜8月
草丈：30〜100cm　キク科

エキナセア

放射状に広がる花の中心部が、球状に大きく盛り上がるのが特徴。開花期間が長く、夏花壇の彩りとして活躍。

一年草・日向　花期：5〜11月
草丈：15〜70cm　ヒユ科

ゴンフレナ 'ラブラブラブ'

センニチコウの仲間。紫やピンク、白、黄、赤に色づく、ポンポンと丸い苞（ほう）を楽しむ。開花期間が長く育てやすい。

宿根草・日向　花期：6〜9月
草丈：60〜120cm　ハナシノブ科

宿根フロックス

真夏の花が少ない時期にボリュームたっぷりに咲く貴重な存在。丈夫で育てやすく、宿根して大株になると見応えが出る。

再び庭の素材が豊かになる季節です。草花も気温が低くなるにつれ、
紅葉のように色変わりをするものがあるので、変化をじっくり楽しんで。

秋

一年草・日向・こぼれ種
花期：6〜11月
草丈：50〜120cm　キク科

コスモス

秋を彩る代表的な一年草。ピンク
や白、濃赤、黄、オレンジなど、花色
豊富。あまり環境を選ばず、こぼれ
種で増えることもある。

球根植物・半日陰
花期：10〜3月　草丈：5〜10cm
サクラソウ科

原種シクラメン

地際付近で咲き、花も小さく素朴で
可愛らしい。初夏には葉が枯れ、秋
まで休眠する。落葉樹の下など環
境が合えば分球してよく増える。

球根植物・日向
花期：6月中旬〜11月
草丈：20〜200cm　キク科

ダリア

大輪種から小輪種、一重咲き、変化咲きなど、種類が豊富でガーデンで目を引く。夏にうどんこ病にかかりやすいが、秋には復活する。

宿根草・日向
花期：9〜11月
草丈：30〜70cm　キク科

カクテルマム

株姿がコンパクトにまとまる小型のキク。花も小さく可愛らしいが、個性的な花色で寄せ植えなどでも存在感抜群。花もちがよい。

樹木・日向
花期：10〜12月
樹高：品種による　バラ科

秋バラ

春バラに比べ花数は少ないものの、涼しい気候のもとでゆっくり開花するため、より色合いが鮮明。ふっくらとした花になりやすい。

一年草・日向・こぼれ種
花期：5〜11月
草丈：15〜150cm　ヒユ科

セロシア

ケイトウの名で知られ、ロウソクの炎のような形の花が楽しめる。耐暑性が強く、環境に合えば、こぼれ種で増える。

一年草・日向
花期：7〜10月　草丈：25〜30cm　キク科

マリーゴールド 'ファイヤーボール'

八重咲きで、燃えるような赤花が魅力。咲き進むにつれ花色が
オレンジに変化するため、1株で複数の花色を楽しめる。

宿根草・日向・こぼれ種
花期：9〜10月　草丈：60〜120cm　キク科

ヘレニウム・オータムナーレ

ダンゴギクの和名通り、花の中心部が丸く盛り上がる。よく分枝
し、花をたくさん咲かせる。環境に合えば、こぼれ種で増える。

一年草・日向
花期：6〜10月　草丈：20〜30cm　キョウチクトウ科

ミニナツ（極小輪ニチニチソウ）

花径2cm程度の小さな可愛らしい花を株いっぱいに咲かせる。
夏期が長いニチニチソウの極小輪タイプ。できるだけ日向で管理。

樹木・日向
観賞期：10〜1月　樹高：30〜50cm　ナス科

タマサンゴ

ミニトマトのような艶やかな実は、熟すにつれて黄、オレンジ、赤
へ色が変化する。耐寒性が弱いので、寒冷地では一年草扱い。

一年草・日向
花期：7〜9月　草丈：15〜70cm　ヒユ科

センニチコウ 'クイズカーマイン'

紫やピンク、白、黄、赤に色づくポンポンとした丸い苞（ほう）を楽しむ。開花期間が長く、育てやすい。

宿根草・日向
花期：5〜11月　草丈：20〜160cm　シソ科

スーパーサルビア 'ロックンロール'

猛暑に耐え、耐寒性も高めた改良種のサルビアで、春から霜が降りるまでと開花期間が長い。幅1mもの大株に育つ。

球根植物・日向　花期：10月中旬〜12月中旬
草丈：30〜40cm　ヒガンバナ科

ネリネ（ダイヤモンドリリー）

花弁に宝石のようなきらめきがあり、ダイヤモンドリリーの名でも親しまれる。耐寒性が弱いので、冬は凍らないように管理を。

樹木・日向
花期：4〜5月　樹高：2〜3m　バラ科

アロニア

育てやすい果樹で、春にピンクや白の小さな花を咲かせる。秋には黒または赤色の果実が実る。ジャムや果実酒で楽しめる。

宿根草・半日陰・こぼれ種
花期：5〜10月　草丈：30〜50cm　フウロソウ科

ゲラニウム 'ビルウォーリス'

草丈は低く、横に広がる。2cmほどの青紫色の小花が一面に咲き、春から秋まで長く楽しめる。場所によりこぼれ種で増える。

一年草・日向・こぼれ種　花期：7月〜10月上旬
草丈：60〜120cm　フウチョウソウ科

クレオメ

長い雌しべと雄しべが突き出した、風に舞うチョウのような優雅な花姿。濃いピンクのつぼみから咲き進むにつれて色が淡くなる。

季節を咲き継ぐ植物図鑑

花の種類こそ少なくなりますが、パンジー＆ビオラやハボタンなど、
色や形のバリエーション豊かな植物が多く、素材には困りません。

冬

二年草・日向
花期：4月　草丈：5〜100cm
アブラナ科

ハボタン 'フレアホワイト'

カラフルに色づく葉が、冬の庭の
貴重な彩りになるカラーリーフ
プランツ。バラのような美しい姿
で、寄せ植えに重宝する。

宿根草・日向
花期：5月　草丈：10〜60cm　キク科

シロタエギク 'シルバーレース'

シロタエギクの中でも切れ込みが深く、まる
でレースのような繊細な葉が美しい品種。
白銀色の茎葉が冬の寄せ植えにぴったり。

宿根草・半日陰・こぼれ種
花期：1〜2月　草丈：20〜30cm
キンポウゲ科

ヘレボルス・ニゲル

ほかの交配種よりもひと足早く、清楚な白花を咲かせるクリスマスローズの原種。「クリスマスローズ」という名は、本来このニゲルの英名。

樹木・日向
花期：4〜11月　樹高：10〜100cm
バラ科

ミニバラ

ロサ・キネンシス ‘ミニマ’の小型の性質を受け継ぐ木立ち性のバラ。コンパクトな株に、極小輪から中小輪の花を咲かせる。

球根植物・日向
花期：12〜3月　草丈：15〜20cm
ヒガンバナ科

スイセン ‘ペーパーホワイト’

雄しべを除いて花の中心部まで白い、純白の美しい冬咲きスイセン。花は小さめだが、その分たくさん咲いて房咲きになる。

宿根草・日向
花期：3〜6月、9〜12月
草丈：20〜30cm　アブラナ科

ロブラリア ‘スーパーアリッサム’

暑さにも寒さにも強く改良されたロブラリアの園芸品種。真夏と真冬は花数は少なくなるものの、小花が集まって手まりのような形に。一年中開花する。

一年草・日向
花期：10月下旬〜5月中旬
草丈：10〜30cm　スミレ科

パンジー＆ビオラ

秋から初夏までガーデンを長く彩る、特に冬には欠かせない花。非常に品種が多く、花の色や形がバリエーション豊かで楽しめる。

宿根草・半日陰
花期：6〜7月　草丈：10〜15cm　セリ科

セリ・ピンクバリエガータ ‘フラミンゴ’

ピンクやクリーム色などのカラフルな斑が冬でも楽しめる。また、春も葉色が鮮やか。広がるように生育するのでグラウンドカバーにも。

樹木・半日陰
花期：10〜4月　樹高：30〜80cm
ミカン科

スキミア・ルブラ

秋につぼみをつけ、そのまま春の開花までの長い期間、プチプチとしたつぼみの姿を楽しめる。実をつける雌株もガーデン素材として人気。

樹木・日向
花期：5〜11月　樹高：30〜70cm
ミカン科

サザンクロス（クロウエア）

星形の花が可愛く、日本でも育てやすいオージープランツ。冬の寄せ植え花材として重宝する。霜や雪に当たらない軒下などがよい。

樹木・日向
花期：6〜9月　樹高：20〜80cm
ツツジ科

カルーナ

エリカの近縁種で、ヒースとも呼ばれる。こんもりと密生して茂り、枝全体に花が咲いて花穂のように見える。種類も豊富。

球根植物・半日陰
花期：10〜3月
草丈：10〜20cm
サクラソウ科

ガーデンシクラメン

一般的なシクラメンと比べて耐寒性が強いので、冬の屋外に地植えにしても楽しめる。白やピンク、赤などの花色がある。

樹木・日向
花期：11〜4月　樹高：約70cm
ツツジ科

エリカ 'ホワイトデライト'

種類豊富なエリカの中でも、冬咲きの品種。細長い白の筒状花は次第にピンクを帯び、鈴なりに咲く。株立ち状に、コンパクトに成長する。

樹木・日向
花期：5〜6月
樹高：50〜100cm　ツツジ科

ペルネッティア

「真珠の木」という別名の通り、初夏に花を咲かせ、秋に艶やかな丸い実をつけ、冬中楽しめる。実の色は、赤、白、ピンクなど。

宿根草・日向
花期：4〜6月　草丈：30〜40cm
オオバコ科

キンギョソウ 'トゥイニー'

ふっくらとボリュームがある花は存在感
があり、庭や寄せ植えの彩りに重宝す
る。花色は、鮮やかな単色や優しいパス
テル調など、バリエーションも豊富。

宿根草・日向
花期：5〜1月　草丈：60〜70cm
キク科

ビデンス

ウインターコスモスとも呼ばれ、黄色や
白の花を咲かせる。真冬と真夏以外、長
期間花を楽しめる。凍らせないように冬
越しさせる。

一年草・日向
花期：3〜5月　草丈：20〜80cm
アブラナ科

ストック

赤や紫、ピンク、白など花色豊富で、一
重咲きと八重咲きがある。甘い香りも
楽しめる。暑さに弱い性質のため、日本
では基本的に一年草扱い。

宿根草・日向・こぼれ種
花期：10〜6月　草丈：40〜60cm
スイカズラ科

スカビオサ 'ブルーバルーン'

スカビオサの仲間で、日本の山野に自
生する宿根草。薄紫色の上品な花が、
秋から初夏にかけて咲く。シードヘッド
もユニーク。

一年草・日向
花期：2〜5月　草丈：20〜50cm
キク科

カレンデュラ 'ブロンズビューティー'

シックな色合いのカレンデュラで、茶色
味を帯びる花弁裏とのコントラストが
美しい。霜に当たると花弁や葉が傷む
ので注意。

宿根草・日向・こぼれ種
花期：10〜6月　草丈：10〜40cm
ゴマノハグサ科

ネメシア

近年は宿根タイプのネメシアも多く流
通しており、数年は夏越しする。青や白、
ピンクなどの花色がある。環境に合え
ば、こぼれ種で増える。

植物にやさしい ガーデンツール

植物が健やかに美しく育つのを助けてくれる
便利なガーデンツールを紹介します。
どれも園芸専門店や通信販売などで購入できます。

プランツサポート

株が大きくなってくると、たくさん花が咲いて花の重みで茎
が倒れることがあります。特にラナンキュラス・ラックスやス
イセン、シャクヤク、ダリアなど、花が大きかったり、花数が
多かったりするものは注意が必要です。茎が何本も上がっ
て束になって咲くものは、支柱ではなく株全体を支えるプ
ランツサポートがおすすめ。まだ株が小さいうちから設置
しておいて、その中で育つようにするものや、半円状のもの
など、いろいろなタイプがあります。

支柱と
ケーントップ

デルフィニウムなどのように、長い茎が
1本スッと立つ植物には支柱が必要
です。竹製など自然素材を使えば目立
たず、庭の雰囲気も壊しません。でも
夢中になって作業をしていると、支柱
が目の中に入りそうになることも。そん
な危険を避けるためのツールがケーン
トップ（支柱にはめるキャップのような
飾り）です。安全ですし、ちょっと愛らし
い雰囲気にも。あらかじめ飾りの付い
たアイアン製の支柱もあります。

ポットフィート

ポットフィートは植木鉢の底にかませて、地面との間に隙間を
作る役目を果たします。1cmほどの隙間でも、地面に密着し
ているより排水性や通気性が向上し、植物にとってよい環境
になります。高温多湿の日本で生産された鉢は、もともと鉢底
に隙間がある構造になっていますが、空気が乾いているヨー
ロッパで生まれた鉢にはそれがありません。海外製の鉢の場
合は、このポットフィートを一緒に使うといいでしょう。

ホースガイド

ホースを長く伸ばして水まきをしていると、植
栽帯にホースが入り、大事な植物をなぎ倒して
しまうことがあります。そんなうっかりを防ぎ、
ホースを引っかけてコントロールするのがホー
スガイドです。使うたびに出したりしまったりす
るのも面倒なので、土にさしたままにしておけ
るよう庭風景の一部として違和感のないデザ
インのものを選びましょう。

庭仕事が楽になる ガーデングッズ

植物を植えたり、抜いたり、切ったり、
庭仕事をするのに必要な道具類を紹介します。
高価でなくても、自分が使いやすいものを選ぶのが大事。

切る道具

❶**剪定バサミ**／バラなどの硬い枝を切ることができます。❷**花切りバサミ**／細くて柔らかい草花の茎を切ったり、バラの花がらを摘んだりするには先細のハサミが便利。❸**小型ノコギリ**／やや太い枝を切るときに。❹**中枝切りバサミ**／高枝切りバサミほど長くないので扱いやすく、植栽帯の中に入らずに壁際の花を切りたいときなどに重宝します。

除草道具

雑草は気づいたときにこまめに、なるべく小さいうちに抜いておくのがコツです。タイルなどの目地から生えた雑草を取るのには、先の細い鎌が便利。フォーク状になった草取りツールは、テコの原理で頑固な雑草を根こそぎ取り除けます。

掘る道具

❶小型のフォーク ❷小型のシャベル／庭の整地には大きなシャベルとフォークが役に立ちますが、植栽後は小型のほうが小回りがきいて活躍します。**❸球根用穴あけ**／ほかの植物を傷つけずに地面に球根を埋めるための穴をあけることができます。**❹ハンドスコップ**／植栽や移植の際に必須。**❺手作り土入れ**／ペットボトルの底をVの字にカットした手作り土入れ。掘るのには向きませんが、寄せ植えなどの際に1回でたっぷり土をすくって鉢に入れることができます。

ホースリール

水まきは日常的な庭仕事なので、ホースが絡まったり巻き取りに苦労するのはストレスです。水が入ったホースは重いので、スムーズに巻き取るには安定感のあるホースリールが必須。デザイン性に優れたものを選ぶと、庭に出しっぱなしにしておけるので収納の手間もありません。

捨てる道具

❶ウエストバッグ／バラの花の終わり頃になると、大量の花がら摘みが待ち受けています。バケツやビニール袋を片手に持っていると動きにくいのですが、腰にこのウエストバッグを装着して花がらを入れていくと、作業がスムーズ。「収穫ウエストバッグ」という名前でネット検索すると、いろいろなデザインや大きさのものが出てきます。**❷ジャンピング集草バッグ**／布製で折りたたみできる草用のゴミ箱です。スプリングが入っていて自立し、軽いので便利。

庭仕事がはかどる ガーデン装備

ガーデニングは、しゃがんだり、運んだり、引っ張ったり、
結構、身体を動かします。
ストレスなく庭仕事ができるガーデン装備を紹介します。

手袋

素手で土に触れていると思いの
ほか乾燥します。専用のガーデ
ングローブもありますが、コット
ンの手袋の上にピタッとしたビ
ニール手袋を重ねると、指先が
細かく動かせてヒモなどが扱い
やすいです。ただし、トゲのあるバ
ラを扱うときは革手袋が必須。

ニーパッド

ガーデニングは膝をついてや
る仕事がたくさん。膝当てがあ
ると濡れたり汚れたり、また痛
みからも守ってくれるので作
業が楽。

手拭い

汗を拭くときには、すぐ乾いて
軽量な手拭いがおすすめ。ユ
ニークな柄のものがたくさん
あるので、お気に入りをコレク
ションするのも楽しみです。

地下足袋

植栽帯に入って作業をすると
きは地下足袋が動きやすい
です。かかとのある長靴など
では、柔らかい植栽帯の土に
穴があき、水の流れなどが変
わってしまいます。

ガーデンエプロン

細々したものが多いの
でポケットがたくさん
あるもの、またストレッ
チがきいて動きやすい
ものがおすすめ。

第 3 章

12ヵ月の庭作業

一年の庭作業を月ごとにまとめました。

自然が相手のガーデニングは、

自然のリズムに合わせて動くのが鉄則です。

植物の買いどき、植えどき、剪定など、何事にも「適期」があります。

適期を逃さず作業を進めれば、ほとんどのことはうまくいきます。

カレンダーのように毎月ページをめくって、

作業を確認して進めてみましょう。

ただし地域差があったり、毎年気温や季節の進み方は異なるので、

自身でガーデニング日記をつけるのもおすすめ。

あなたの庭仕様にカスタマイズされた

理想的なガーデニングカレンダーができるはずです。

3月の庭の様子

日に日に地面が茶色から緑色へと変わり、原種シクラメンやムスカリ、クロッカスなどの小球根やプリムラ類などが彩りを添えていきます。まだ草丈の低い植物が多い季節に、クリスマスローズはさまざまな花色と優しい姿で庭を華やいだ雰囲気にしてくれます。月の後半になるとチューリップや

オステオスペルマムの寄せ植え。

ワスレナグサも咲いて、庭はいっそう華やかに。園芸店に並ぶ花苗も種類が増えていきます。オステオスペルマムやペチュニアは、毎年魅力的な新品種が登場するので、足を運んでチェックしてみましょう。草花が増える一方で、歓迎されざる雑草も生え始める頃です。雑草は根が深く張る前の小さいうちに抜いておくと作業が楽。見つけ次第、抜いてしまいましょう。この時期は、こぼれ種で増えたワスレナグサなどの芽も出始めています。それらは雑草と間違えて抜かないように。暖かくなるにつれ、パンジー＆ビオラも花数がどんどん増え、花がらができるスピードも先月とは段違い。花の寿命が延びるよう、こまめに花がらを摘みましょう。

3月の主な作業

虫取り

3月5日頃は「啓蟄（けいちつ）」といい、冬の間、巣ごもりをしていた虫たちが活動を始める時期とされています。最初に現れるのはアブラムシですが、アブラムシにはテントウムシやヒラタアブの幼虫など天敵が多いので、それほど気にしなくても大丈夫。肥料が多すぎたり風通しが悪かったりすると増えすぎることがあるので、気をつけましょう。この時期に最も注意したい虫は、バラゾウムシ。バラの新芽の先が水切れでもないのに突然枯れていたら、間違いなくこの虫の仕業です。P.156を参考にして対処しましょう。クモはバラゾウムシの天

畑になってしまったり、ほかの植物の生育を妨げることも。適宜間引いたり、根ごと掘り上げて別の場所へ移植したりして、数のコントロールを。　▶P.154参照

活着率を上げる定植方法

園芸店に並ぶ一年草や宿根草の種類が増える季節です。春先は風が強く、植えたばかりの花苗が乾燥してダメになることがあります。植える前に、活力剤（メネデールなど）を入れた水の中にビニールポットごと苗を浸して、しっかり根に水を吸わせましょう。こうして植え付けると、活着率が上がり失敗が少なくなります。

庭に施肥

草花がこれからどんどん生育していきます。庭全体に肥料を施しましょう。　▶P.150参照

液肥やり

鉢植えの植物も生育期には肥料の消費が早くなるので、水やりと一緒に定期的に液肥を与えましょう。　▶P.144参照

花がら摘み

咲く花の数に比例し、花がらの数も増えます。こまめに摘んで、美観を保ちましょう。　▶P.146参照

雑草取り開始

不思議なことに、庭では植栽した草花の側に、似たような雑草が生えるので、騙されないように。よく観察していれば、雑草か否か分かるようになってきます。

▶P.143参照

春の花のアレンジ

クリスマスローズは3月後半には最盛期をやや過ぎてきます。花を残しておくと株が消耗するので、遅くとも5月には全ての花を切りますが、まだ色が残っている今のうちに、花束にして楽しみましょう。40℃くらいのぬるま湯の中で茎を切る「湯上げ」をすると花が長もちします。アレンジにすると、うつむいて咲く花の様子がよく分かります。

敵なので、見つけても駆除せずにそっと見守ります。

ワスレナグサの移植

植栽から2年目以降は、こぼれ種で増えたワスレナグサが庭のあちこちから芽を出します。そのまま全部咲かせると庭がワスレナグサ

Gardening Calendar

4月

April

4月の庭の様子

クリスマスローズから主役はチューリップやアネモネ、ラナンキュラス・ラックスに交代し、その間をパンジー＆ビオラやワスレナグサ、イングリッシュデージーなどの小花が入り交じって咲きます。庭はボタニック柄のファブリックを広げたように華やか。まさに春爛漫の様相を呈します。パンジー＆ビオラは先月よりもボリュームがグッと増し、風通しが悪くなってきます。冬に作った寄せ植えも、鉢の中でぎゅうぎゅうに。風通しが悪いとアブラムシなどの害虫が寄ってくるので、重なり合うように咲いている花は株元から透かし剪定をしてアレンジメントなどで楽しむとよいでしょう。この頃は庭仕事も次第に増えてきます。草取り、虫取り、水やり、花がら摘みは日課にしましょう。月の後半になるとバラのつぼみが膨らんで、来月の開花までの間、心躍る毎日が過ごせるでしょう。でも、そのワクワク感を台無しにする害虫たちも増えてきます。早期発見、早期対処で被害を最小限にとどめましょう。

4月の主な作業

花がら摘み＆植え替え

寄せ植えの中が混み合ってきます。花がら摘みをこまめにすれば、パンジー＆ビオラは来月まで咲いてくれますが、株が乱れたものは徐々に抜いて、ペチュニアやカリ

ブラコアなど、次のシーズンの花に植え替えましょう。

ペチュニアを買う

色幅が広く、花形も八重からミニサイズまで豊富なペチュニアやスーパーチュニアが園芸店にたくさん並びます。切り戻すと秋まで楽

Point!　一年草に宿根草、アジサイなど園芸店の店頭が華やかになってきます。品揃えや苗の状態は店によってかなり異なり、よい店は苗が生き生きしていて枯れ葉もなく、植栽後の花のもちにも違いが出ます。ガーデニングを楽しむためにも優良店を選んで買いましょう。

ハチに注意

庭にはさまざまなハチがやってきます。一番よく見かけるのはミツバチで、花の蜜を集めるのに夢中になっています。人には興味がないので、そばにいてもあまり怖がる必要はありません。ミツバチは受粉を助けて果樹を実らせてくれる庭作りの仲間でもあります。一方、そのミツバチの天敵となるスズメバチやアシナガバチは、人にも好戦的です。黒色に反応するので、庭に出るときは黒い服を避けましょう。低木の茂みに巣を作ることがあるので、いきなり手を突っ込まないように注意しましょう。　▶P.159参照

支柱立て

先月植えた一年草や宿根草が伸びてきます。華奢な茎のものは風で倒れて折れることがあるので、支柱を立ててサポートしてあげましょう。支柱は草丈に合わせて最初は短く、生育するにつれて高くしていきます。　▶P.145参照

アジサイを買う

園芸店にさまざまなアジサイの苗が並ぶ頃です。花色のバリエーションが多く、ボリューム豊かで華やかなアジサイは、5月第2日曜日の「母の日」のプレゼントとしても人気。半日陰の庭に鮮やかな彩りをもたらす貴重な素材でもあります。梅雨時だけでなく、色変わりしながら秋まで長く咲くものが多数登場しているので、お店に足を運んで新品種をチェックしてみましょう。

しめる息の長い一年草なので、買い揃えて寄せ植えや花壇で活躍させましょう。

虫取り

●バラはハバチの幼虫が出始めます。葉に斑点を見つけたら、裏返して幼虫がいないか確認を。
　▶P.156参照
●ユリの芽が出始めたら、ユリクビナガハムシに注意。成虫は赤くて目立ちますが、幼虫は自分のフンを背負って擬態しています。
　▶P.158参照
●ヨトウムシが出始めます。大きくなると、つぼみを丸ごと食べるので、若齢幼虫のうちに捕獲を。
　▶P.157参照

5月

5月の庭の様子

一年で最も庭が美しくなる季節です。ありとあらゆる花が咲き、5月の庭はバラの甘い香りに包まれます。バラの香りは、早朝、開いたばかりの頃が最も濃厚。近年の研究では、バラの香りには人を幸せにする作用があることが分かっています。ぜひ早起きをして、芳しい香りを堪能しましょう。5月の連休の頃には、急に夏日のような暑さになることがあります。思いのほか鉢植えが乾くのが早いので、水切れしないようにこまめに観察しましょう。長期連休で留守にする場合は、鉢植えのバラや寄せ植えなどの水やりに自動灌水機を用いるか、信頼できる人にお願いして、水切れしないように見てもらいましょう。生育期の水切れは大きなダメージになります。どちらも難しいようなら、日陰に移動してたっぷり水やりをし、鉢皿に水を張っておけば、最低限、枯れるのは防げます。庭仕事をする際には、そろそろ蚊対策が必要です。庭用の太くて長もちする蚊取り線香が便利。日焼け対策も忘れずに。

5月の主な作業

庭に蚊取り線香

花がら摘みや春の花の整理など、庭仕事が満載です。庭に出るときは蚊取り線香を用意しましょう。蚊除けスプレーはすぐに汗で流れてしまいます。置き型のほかに、腰に下げるホルダータイプもあります。

紫外線対策

日差しが強くなる季節ですから、庭仕事をする際は紫外線対策をしっかりしましょう。肌はもちろん、髪の毛も、紫外線を始終浴びていると傷んでバサバサに。髪にも使える日焼け止めを活用しましょう。

Point! 次々に咲くバラや草花に心躍る毎日です。花が咲いてくれるのは嬉しいものですが、咲きすぎると風景の「抜け」が悪くなり、圧迫感が出ることがあります。風に揺れる風情や陰影も大事にし、適宜間引いたほうが心地よい空間になる場合もあります。

ので、5月上旬には抜き取りましょう。スペースが空いたところには、ロベリアやイソトマ、センニチコウ、ニチニチソウ、バーベナなど暑さに強い花を植えましょう。寄せ植えも夏へ向けて花を入れ替えます。

園芸品種のチューリップを抜く

園芸品種のチューリップは、翌年も同じように花を咲かせるのは難しいので、花後は球根ごと抜き取ります。一方、原種のチューリップは毎年咲くので、そのまま残しておきます。

花後の球根の管理

原種のチューリップやスイセンは、翌年も花を咲かせるので抜かずに庭に残しておきます。この時期、球根をいかに充実させるかが翌春の開花を左右します。葉で光合成をして球根に栄養を送っているので、自然に枯れるまで、葉は残しておきましょう。あまり乱れるようであれば、縛ってまとめても構いません。この頃にはオダマキなどの宿根草がグングン育ち、枯れゆく球根の葉を隠してくれるので、さほど美観を損なう心

クリスマスローズの花茎切り

クリスマスローズの花と呼んでいる部分は、本来はガク。花びらのように散ることはありませんが、5月には花茎を切りましょう。そのままにしておくとタネをつけ、株の体力がタネに費やされて夏越しが難しくなることがあります。病気を防ぐために、晴天が続くときを選んで地際で切り取ります。鉢植えは西日の当たらない場所へ移動します。新葉が大きくなってくる時期で、蒸散作用により乾きやすいので注意しましょう。

パンジー＆ビオラを抜く

冬から咲いていた一年草のパンジー＆ビオラはもう寿命を迎える

配はないでしょう。

バラの花がら切り

天気予報を確認して翌日が雨なら、まだきれいに咲いていても少し早めにバラの花を切ってアレンジメントで楽しみましょう。散った花びらが濡れると滑るので注意します。また、ほかの草花に濡れた花びらがくっつくと病気の原因になるので取り除きましょう。

バラジャム作り

早朝のバラを摘んでバラジャム作りを楽しみましょう。▶P.35参照

庭の撮影

最盛期の庭を、さまざまな角度から撮っておきましょう。来年の庭計画の重要な資料になります。

害虫に注意

バラゾウムシやハバチの幼虫、ヨトウムシ、ユリクビナガハムシなどさまざまな害虫が活発に動き始める時期なので、虫取りは日課にしましょう。数年に一度、アメリカシロヒトリが発生する場合があるので、クモの巣状の幼虫の巣に注意しましょう。　　▶P.158参照

6月の庭の様子

アジサイやユリ、ダリア、アガパンサスが咲き始めます。バラは終わりを迎えるので、ローズヒップを楽しみたいもの以外は、花がらを摘みましょう。ガーデニングをするときは、ペットボトルや水筒を携えて、こまめな水分補給を心がけます。サルビアやジニア、バーベナ、センニチコウなど暑さに強いものを選び、寄せ植えは夏仕様に植え替えましょう。梅雨で庭仕事ができない日も増えてきますが、草花は生育旺盛に茂る季節です。切り戻しや透かし剪定をして、風通しをよくしましょう。雑草も勢いよく伸び始めます。ある程度大きくなったものは根が深く抜くのに苦労しますが、雨の翌日は土が柔らかくなっているので、比較的抜きやすいでしょう。ゴマダラカミキリやイラガ、ユリクビナガハムシなど警戒すべき害虫が増えてくる季節です。梅雨時はナメクジやヨトウムシも多くなります。どちらも夜行性で昼間は鉢底や土中に潜んでいるので、食害された花や葉を見つけたら、いそうな場所を探して駆除しましょう。

6月の主な作業

ユリクビナガハムシに警戒

ユリが美しく咲く季節ですが、成虫になったユリクビナガハムシは盛大にユリを食害し、つぼみが1晩でなくなることも！ 悔しい思いをしないよう、咲くまでは赤い虫に注意しましょう。 ▶P.158参照

切り戻し

リシマキア・アトロプルプレア 'ボジョレー'など、春から咲いていた花は茎が伸びて株姿が乱れてきます。伸びすぎた茎は切り戻しをして、姿を整えましょう。切り戻すと繰り返し花が上がります。

Point! 梅雨時を迎え、多湿気味になってきます。6月以降は、暑さが一段落する秋まで、とにかく風通しをよくすることが大切です。茂った株の倒伏を防ぐためにギュッと縛ってまとめるのは、植物にとっても美観的にもよくありません。透かし剪定や切り戻しをしましょう。

バラの花後の手入れ

四季咲き性のバラも二番花が咲いた後は、秋までしばし休憩です。花がらを摘んで剪定し、「お礼肥」を与えましょう。花を咲かせると株はエネルギーを消耗し、またこの頃には黒点病で葉を落とし、光合成がままならない株も出てきます。「お礼肥」は、疲れ気味のバラにエネルギーを補給するものです。また活力剤入りの土壌改良材で表土を覆うと、施肥と暑さ対策、泥はねによる病気の予防が同時にできて効率的です。

草花に施肥&透かし剪定

初夏から秋まで咲くカワラナデシコ 'ミーティア' やハイブリッド・ジギタリスなど、ロングランの草花にはバラと同様の理由で施肥が必要です。葉色が悪くなるなどの症状は肥料切れのサイン。特に鉢植えの植物には、定期的な施肥が必要です。枝分かれしてよく咲くものは、株内が混み合ってきます。適宜透かし剪定をして、風通しをよくすることで、病害虫の発生も予防できます。

左／カワラナデシコ 'ミーティア'。
右／ハイブリッド・ジギタリスの二番花。

イラガの幼虫に注意

イラガの幼虫が発生する時期。バラの葉裏などに潜んでいますが、トゲが刺さると痛いので、剪定時などには注意しましょう。

▶P.159参照

ゴマダラカミキリを捕殺

ゴマダラカミキリが庭に現れる時期です。体長3〜4cmで黒い体に白い斑点、長い触角と、とても目立ちます。幹の中に卵を産みつけ、幼虫（テッポウムシ）がバラの大株や樹木を食害します。枯れる原因になるので、成虫を見つけたら捕殺します。▶P.157参照

過湿にならないように水やり

梅雨時は曇天の日も多く、鉢植えの乾きが不規則になります。過湿になると根腐れや病気を誘発するので、水やりは表土の乾きをしっかり確認して、晴れた日に行います。葉や茎を濡らさないように株元にやること。▶P.144参照

夏の花の定植

園芸店には、ミニヒマワリやマリーゴールドなどの夏の花が並びます。暑さに強い植物を選んで、庭も寄せ植えも夏仕様に順次変えていきましょう。

Gardening Calendar

7月

July

7月の庭の様子

アガパンサスやミニヒマワリ、エキナセア、宿根フロックス、ルドベキア、ジニアなどが夏の庭を彩ります。梅雨が明けると日差しがとたんに厳しくなるので、ガーデニングは午前中か夕方の涼しい時間帯にしましょう。庭に出るときは蚊除け、UV対策、水分補給をしっかりして、熱中症に気をつけましょう。来月はさらに気温が上がり、ガーデニング作業が厳しくなります。あまり庭に出なくて済むように、今月までに鉢植えの植物を日陰に移動したり、乾きを防ぐためにマルチングをしたり、暑さ対策をしておきましょう。自分の庭が最盛期のときは、よその庭へ出かける余裕はありませんが、この時期はいくらか庭仕事が少なくなります。軽井沢などの避暑地のほか、東北、北海道では、ちょうどバラが咲いて美しい頃なので、庭巡りに出かけるのもよいでしょう。ほかの庭を見るのは、庭作りの参考になります。

7月の主な作業

ペチュニアの切り戻し

ペチュニアの茎が長く伸び、株の中心部に花が咲かなくなってきます。梅雨明け前までに株元15〜20cmを残して切り戻しましょう。咲いている花を切るのはもったいないようにも思えますが、分枝が促され、再びこんもりきれいに咲いてきます。切り戻しを行うと風通しがよくなり、元気に夏越しできます。

ダリアの切り戻し

ダリアは夏にうどんこ病が発生しやすいので、花が終わったら株を半分くらい切り戻します。梅雨明けを待って切り、切り口をよく乾燥させた後、雨避けに切り口にアルミホイルを被せておくと安心。

観葉植物で彩りを

来月は猛暑が続き、庭仕事もままならなくなります。観葉植物は花がら摘みなどの手入れの必要がなく、真夏のガーデニング作業を軽減してくれるので今月中に植栽を。観葉植物も、直射日光に強いタイプを選びましょう。カラーリーフの寄せ植えもきれいです。

アジサイの剪定

アジサイは夏の終わり頃にはすでに来年の花芽を形成し始めるので、今月下旬までに半分くらいに剪定します。'アナベル'は春に花芽を形成するので、ドライになるまでそのままでもOK。

Gardening Calendar

8月

August

8月の庭の様子

一年で最も暑い季節です。30℃を超える日々が続くと、蚊さえも活動が鈍くなります。ガーデニングをするときは日除け対策をしっかりし、熱中症に注意。くれぐれも無理は禁物です。とはいえ、地植えの植物も暑さで弱ってくるので、猛暑日が続く場合はたっぷり水やりをして温度を下げてあげましょう。作業は涼しい時間帯に短時間で済ませます。日盛りに水をやると、水がすぐにお湯になって蒸れてしまうので、午前8時以降は作業をやめて、涼しい屋内から庭を眺めるにとどめましょう。少々の雑草や草花の乱れには目をつぶっても大丈夫。来月には本格的なガーデニング作業が始まるので、それまでに庭をどうするのか、買うべきものは何か、抜くべきものは何かなど具体的に計画を立てて過ごします。エアコンがフル稼働しているので、室外機付近は熱風で過酷な環境になっています。室外機の周辺には、鉢植えを置かないようにしましょう。

8月の主な作業

水やり

暑いとハダニ(植物に発生する害虫で人には影響がありません)が発生することがあります。葉っぱの裏にかかるようにシャワー状にした水を全体にかけてあげましょう。午前8時までには水やりを終了します。　　　　▶P.144参照

球根、宿根草、バラの先行予約

通常、園芸店では秋以降に並び始める球根や宿根草、バラですが、通販では予約販売で人気品種が早々に売り切れになっていきます。新品種や人気品種などお目当てのものがあれば、この時期に予約しておきましょう。

来年の庭計画

この時期は庭にあまり出られないので、秋以降の庭と来年の庭計画を立てて過ごしましょう。通販ではすでに来期の植物の販売がスタートしていますし、来月には園芸店にもいろいろな植物が並び始めます。5月に撮影した庭の写真を見返しながら、計画を立てましょう。　　　▶P.148参照

コガネムシに注意

バラに急激に黄色の葉が増える、定期的に水や液肥を与えているのに寄せ植えの花が咲かないなどの不調が生じた場合は、コガネムシの幼虫が根を食害している可能性があります。5月頃から成虫が庭に飛来し、産みつけた卵がかえって生育期を迎えています。様子がおかしいなと思ったら、土を掘って確認してみましょう。多いときには10匹以上の幼虫が見つかることもあります。

▶P.157参照

Gardening Calendar
9月
September

9月の庭の様子

真夏にあまりガーデニングができなかった分、庭は草花が奔放に茂って少々荒れ気味になっています。間引き剪定したり、枯れ茎を剪定したりして、いったん庭を整理しましょう。アメリカノリノキ'アナベル'はカサカサと乾いて緑色になっています。ドライになっても花形が崩れない'アナベル'は、花屋さんで1本千円以上の値がつく人気のドライフラワーです。ぜひ剪定して、ドライのアレンジメントを楽しみましょう。エキナセアのシードヘッドも形がユニーク。そのまま残しても庭のアクセントになりますし、アレンジメントにも活用できます。暑さで緩慢になっていた草花の生育も再び活発になり、ダリアやユーフォルビア'ダイアモンドフロスト'、サルビア類、セロシアがきれいに咲いてきます。草丈の高いダリアは、台風で茎が折れることがあるので、プランツサポートや支柱でしっかり支えてあげましょう。コスモスやキクなど秋の花材も園芸店に並び始め、地植えや寄せ植えなどで華やかな演出ができます。

9月の主な作業

間引き・透かし剪定

真夏の間に盛大に茂った株があります。抜いたり、株元から数本切る間引き剪定をしたりして株姿を整えましょう。　▶P.152参照

枯れ茎の整理

ジギタリスやサルビア・ネモローサ、バーバスカム'サザンチャーム'などの宿根草は、茎が枯れて、すでに株元から新葉が展開し始めているものも。古い茎は切って、さっぱりさせましょう。　▶P.155参照

落ち葉掃除

落葉樹の下には落ち葉がたまり始めます。夏の間、木陰に守られていた草花たちは、そろそろ日照を必要とし始めます。落ち葉を取り除いて、光が植物に届くようにしましょう。　▶P.154参照

こぼれ種の移植

庭を整理していると、こぼれ種で発芽した小さな苗を見つけることがあります。ほかの植物に影響を与えそうな場合は、移植や間引きをしてコントロールを。

▶P.154参照

施肥

夏の暑さで活動が緩慢になっていた植物たちが再び生育を始めます。庭の整理がひと通り終わったら、施肥をしましょう。

▶P.150参照

Point! 暑さ寒さも彼岸まで。9月初旬はまだまだ30℃を超える日がありますから、しばらくは水やりも先月同様にし、ガーデニングも無理は禁物。9月中旬以降、暑さが和らいでから秋の庭仕事をスタートしましょう。その頃になると、園芸店の花揃えがよくなってきます。

だ先ですが、その頃になって買おうとするともう目当てのものがなくなっていることがあります。今のうちに買って、涼しい場所に保管しておきましょう。

バラの整枝・施肥

夏の間にバラが枝をあちこちに伸ばしています。そのままにしておくと庭の美観が損なわれるので、剪定して整えましょう。本格的な剪定は冬に行うので、今月は姿を整える程度でOK。四季咲き性のバラには秋の開花に向けて施肥もしておきましょう。

おがくずチェック

バラや樹木の株元に、おがくずが出ていないかチェックしましょう。夏の間にカミキリムシが産みつけた卵がかえり、幼虫（テッポウムシ）が幹の中を食い進む頃です。外からでは分かりにくいので、木がグラグラするまで被害に気づかず手遅れになることも。弱った樹木は台風などで倒木の危険もあるので、早めに対処しましょう。庭を整理した際に樹木の株元をよく見るようにしましょう。

▶P.157参照

スズメバチに注意

働きバチの数が増えて攻撃性が高まる季節です。庭に黒い服を着て出ないように。近くに寄ってきても慌てず騒がず、ゆっくり離れるのが鉄則です。▶P.159参照

コスモスやキクの植え付け

園芸店に一年草のコスモスやキクなど秋の花が並び始めます。鮮やかな花色が多く、庭をパッと華やかにしてくれます。花壇や寄せ植えでも活躍します。

球根を買う

園芸店に球根が並び始めます。球根の植えどきはイチョウの葉が黄色くなる頃と言われます。まだま

剪定前

剪定後

10月の庭の様子

コスモスやキク、ダリアに加え、中旬以降は秋バラで庭が華やぎます。花数は春より少なくなりますが、秋ならではの咲き方で、毎年楽しませてくれます。例えば、オールドローズの'ジャック・カルティエ'は、春は房咲きで1枝に何輪も花をつけますが、秋は1枝に1輪になり、花色や香りが深みを増します。一輪一輪をじっくり観察し、秋バラを堪能しましょう。落葉樹が美しく紅葉し、その下では原種シクラメンが可愛い花を咲かせています。花の咲く植栽帯に落ち葉がたまる場合は丁寧に取り除き、公道の落ち葉掃きもこまめに行いましょう。今月末にはハロウィンが控えているので、庭でも楽しい演出を考えてみましょう。

'ジャック・カルティエ'のつぼみ。

10月の主な作業

冬の一年草を買う

パンジー＆ビオラやガーデンシクラメン、ハボタンなどが園芸店に並び始め、12月頃まで次々に新しい品種が入荷します。買った苗は速やかに植え付けましょう。

寄せ植えの植え替え

夏の寄せ植えは、もう株姿が乱れて限界です。冬の一年草が豊富に揃う時期なので、冬仕様に植え替えましょう。

花期を終えたトレニア（ナツスミレ）の寄せ植え。

Point! 秋にも開花するバラは「四季咲き性」の品種です。この頃園芸店で開花している株を買えば、四季咲き性であることがほとんどです（ほかに四季咲き性よりやや花数が劣る返り咲き性の場合もあります）。花色や香りを確かめて買うことができます。

❸ポットのまま並べてレイアウトを確認したら、ポットをはずして定植し苗の間に土を入れます。

❹水をやり、植え替え完了。

ハロウィンの飾り付け

10月31日はハロウィン。ハロウィンといえば、カボチャ。庭のところどころにカボチャを飾るだけで、ハロウィンらしくなります。装飾用のカラフルでユニークな形のカボチャが園芸店や道の駅などで手に入ります。　▶P.51参照

バラを買う

大苗と鉢植え苗の販売時期で、園芸店の店頭にも新品種を含めた多数のバラ苗が並びます。ほかに春に販売される新苗があり、価格はやや安めですが、バラ初心者は大苗、鉢植え苗のほうが失敗が少なくおすすめです。

〈大苗〉

圃場で接ぎ木して数年育てた大きい苗。圃場から掘り上げて、秋に販売します。苗がすでに大きく充実しています。

〈鉢植え苗〉

大苗を鉢に植え付けて育てた苗です。6号鉢（直径18cm）に入った苗で、大きく充実しています。通年販売。

バラ苗の植え付け

バラの苗を買ったら、まず植え替えましょう。苗が植わっている鉢は、運搬を考慮して株の大きさに比べて小さなサイズになっていることが多く、そのままではすぐに根詰まりしてしまうなど、順調に生育しない恐れがあります。買ってきたら地植えにするか、元のサイズより2回りほど大きな鉢に植え替えましょう。

❶前シーズンの植物を抜いて、土を取り替えます。大鉢の場合は、上部1/2〜1/3ほど土を替える程度でもOK。ただし、底から掘り返してコガネムシの幼虫がいないかチェック。古い根も除去します。

❷元肥を混ぜます。

地植えにする際は、直径＆深さ40〜50cmくらいの穴を掘って植え付ける。

Gardening Calendar
11月
November

11月の庭の様子

木々が落葉し、花や緑が減っていく季節ですが、パンジー&ビオラやガーデンシクラメンなどが鮮やかに咲いています。春のように庭全体を花で埋めるのは難しいですが、華やかな花を目に入りやすい所に植栽すれば、庭は寂しく見えません。ところで11月の第3木曜日は、毎年、ボジョレー・ヌーヴォーの解禁日。パンジー&ビオラやガーデンシクラメンの中からワインカラーを選んで寄せ植えをしてみても楽しいですよ。また、この頃には根巻きした本物のモミの木のクリスマスツリーが入手できます。せっかく飾るなら長く楽しみたいので、11月の連休を利用して家族で飾り付けをしてみてはいかがですか。日に日に寒くなりますが、ガーデニングをしていると意外と汗をかくので、重ね着で調節できるようにしておくとよいでしょう。植物の生育は寒さで次第に緩慢になってきます。水を吸い上げるスピードも遅くなるので、水やりの頻度を控えるようにしましょう。鉢の中が常に湿っていると、根腐れを起こします。

11月の主な作業

パンジー&ビオラ
新品種チェック

パンジー&ビオラは、11月になると新品種やレアな品種の流通量が増えてきます。人気の品種は開店と同時に飛ぶように売れ、個数制限がかかっている場合もあります。どこの店でも販売しているわけではないので、SNSを駆使して販売店情報を探してみましょう。

球根と一年草の
植え付け順序

イチョウが黄葉する頃になったら、球根の植え付け時期です。あまり暖かいうちに植え付けると球根が土中で傷んで開花しないことがあるので、気温が十分下がってから植え付けましょう。秋から冬はパンジー&ビオラの植え付け時期でもありますが、球根とそれらを同じエリアに植え付ける場合、順番は草花の苗が先で、球根が後。球根を先に植え付けてしまうと、花苗を植え付けるときに球根を掘り返してしまったり、シャ

20cmくらいの穴を掘り、そこにまとめて5〜7球くらい植えると、咲いたときが華やかです。

チューリップの小径の作り方

チューリップを小径などに沿って列植する際、まっすぐ一直線に花が並んでいるとナチュラルな雰囲気が損なわれます。自然に風景に馴染ませるには、歩きながら適当にバラバラと球根を投げ、着地したところに植えるのがコツ。2〜3輪かたまって咲いているところがあったり、ちょっと離れて咲いているものがあったりしたほうが、いい感じに見えます。

球根2個分くらいの深さに植える。

春のチューリップの小径。

宿根草の養生

今月上旬くらいまで宿根草の植え付け作業ができますが、株をあまり大きくしたくない場合は、春までビニールポットのままで養生します。例えば、狭い空間に多くの種類の花を咲かせたい場合には、1株が大きくなるとスペースがなくなってしまうので、あえて小さい株を植えるのも手です。根がビニールポットの中で回ってパンパンになるようであれば、直径はそのままで深さのあるポットに植え替え、養生します。ポットは小さくて乾きやすいので、水の管理をしっかりしましょう。

コスモスの花がら摘み

コスモスの花がらが目立ってきたら、枝分かれしている部分から切りましょう（P.146）。下旬にはもう寿命を迎えるので、抜き取ってパンジー＆ビオラなど冬の一年草に植え替えます。

ダリアを地際でカット

ダリアは地際でカットしましょう。霜が降りなければ球根は土中に埋めたままで大丈夫。霜に当たると球根が傷むので、掘り上げて乾燥させた後、来春の適期まで、乾燥しすぎないよう、おがくずの中に入れて冷暗所で保管します。

ベルで傷つけてしまったりするからです。計画している花苗がまだ手元になければ、花苗が揃ってから植え付け作業を始めましょう。球根は来年1月に植えてもちゃんと咲きます（雪深い地域では降雪の前に）。

小球根の植え方

ムスカリやクロッカスなどの小球根は、1球ずつ離して植えると存在感が出ません。直径15〜

12月の庭の様子

パンジー＆ビオラの個性的な品種がたくさん手に入る季節です。品種数がとても多いので、冬でも鉢植えや寄せ植えが大いに楽しめます。ガーデンシクラメンもきれいに咲きますが、霜や雪に当たると花がダメになってしまいます。天気予報を確認して雪が降るときは、鉢を軒下に移動しておきましょう。霜や雪に当たらなければ、来春まで長く楽しめます。クリスマスローズの原種のニゲルや早咲きのスイセン、スノードロップは雪の中でも咲いてくれます。寒いですが、可愛い花を見逃さないように庭に出てみましょう。バラは、剪定・誘引の時期です。2月までには終わらせたいので、たくさん本数がある場合は、この頃からスタートしましょう。暗くなるのが早いので、庭仕事は日中、しっかり防寒対策をして早めに終わらせます。イルミネーションやライトアップをすると、夕方以降、屋内から眺めても美しい庭風景が楽しめます。水やりも冬仕様に。頻度を控えて暖かい日中に行いましょう。

12月の主な作業

寄せ植え制作

冬は地植えの植物の草丈が低く目立たないので、寄せ植えを作って庭の目立つところにレイアウトしましょう。鉢の高さがある分、花がよく目に入ります。この季節は植物がほとんど生育しないので、株の間をあけずにギュッと詰めて植えたほうがきれいです。冬は暖色系の色でまとめると、視覚的な暖かさが得られます。

▶P.72〜75＆P.77参照

Point!

この年のツリーは、シュトーレンがテーマ。
シナモンやオレンジを飾りに。

う。ガーデンシクラメンで寄せ植えを作る場合は、移動することを前提に。持ち手つきのバスケットのプランターはテラコッタや陶器の鉢より軽く、おすすめです。

バラの剪定・誘引

12月下旬から2月上旬までは、バラの剪定・誘引の適期です。春先に伸びた新しい枝を生かし、古い枝は剪定して枝の更新を図るのが冬の剪定の目的です。新しい枝があまりない場合は、古い枝も生かしておきましょう。切る場所は株の外側に向かって伸びている「外芽」のやや上。その芽が伸びた先に花が咲くので、咲かせたい高さを考慮して切る場所を決めましょう。つるバラは剪定後に誘引作業をします。枝をなるべく水平気味に誘引すると、花がたくさん咲きます。

クリスマスローズの古葉切り

古葉を株元から5～6cmほど残して切り取ります。古葉切りの目的は、風通しと、株元に日光を当てて丈夫な芽を作るためです。日照と風通しが確保できれば、全ての葉を一枚残らず切る必要はありません。数枚残しておくと、庭景色もナチュラルです。

水やりを冬仕様に

夜温がぐっと下がるので、水やりは冬仕様に。▶P.140参照

落葉樹の剪定

落葉樹は葉がすっかり落ちて、剪定適期です。幹から最初に伸びた太い枝を「大枝」または「主枝」といいます。主枝からさらに伸びている枝を「亜主枝」といい、ここまでが主に樹木の骨格を作っている枝です。さらに亜主枝から伸びている枝を「側枝」といいます。主に切るのは、この側枝です。込み合っている部分は、幹の方向へ伸びている枝を選んで枝元から剪定します。樹勢に影響する太い側枝や枯れ枝も剪定します。しばしば樹木の剪定は、葉が生い茂ったときに邪魔だと感じて切ってしまう場合がありますが、生育期に剪定すると、反動で勢いよく枝葉が発生してかえって不格好になりがちです。休眠期のこの時期に行いましょう。常緑樹の剪定は、主に春以降です。▶P.150参照

ガーデンシクラメンを軒下に

ガーデンシクラメンは寒さには強いものの、雪や霜に当たると花の復活が望めません。雪が降るときは、鉢は軒下などに移動しましょ

Gardening Calendar

1月

January

1月の庭の様子

朝晩は地域によっては零下になる季節です。また、霜や雪も珍しくありません。地面が凍りついて霜柱ができると、根や球根が持ち上げられ、根が切れてしまうことがあります。強い霜が降りそうなときは、植物の株元の表土をバーク堆肥や腐葉土などで覆う「マルチング」をするとよいでしょう。植物は種類によって、生育できる最低温度「耐寒温度」が異なります。育てている植物の耐寒性を調べ、適切な対応をしましょう。

●耐寒温度−10〜0℃程度の植物：暖地なら屋外でも越冬できます。

●耐寒温度3〜5℃程度の植物：寒さに少し弱いので、寒さ対策をしたほうがよいでしょう。

●耐寒温度8℃以上の植物：特に寒さに弱いので、室内に移動しましょう。

寒さに強いパンジー＆ビオラ、ハボタンなどは、たいてい地植えで越冬できます。ガーデンシクラメンは霜や雪で枯れてしまうので、鉢植えは軒下などに取り込みましょう。

1月の主な作業

水やりは時間に注意

冬場は水やりの時間や方法に注意が必要です。気温の低い早朝や、気温が下がっていく夕方は避けましょう。特に夕方は、夜間に水が凍りつき、根を傷めてしまう恐れがあるので、気温が上がった昼前に行いましょう。また、冬は植物の生育が緩慢になり、水をさほど必要としない場合がほとんどなので、水やりの頻度は控えめに。土の表面が乾いて少し経ってから行います。たいていは、週に1〜2回程度で大丈夫です。乾燥気味に育てると、耐寒性も少し高まります。鉢植えにした球根類や宿根草は、この時期、地上部に何もないので水やりを忘れがちです。プランツタグを立てておくか、パンジー＆ビオラなどを上に植えて水やりを忘れないようにしましょう。1週間に1回くらいは水やりが必要です。

鉢植えの植物に肥料を

鉢植えの植物には水やりと同時に液肥をあげたり、固形肥料を与えたりしましょう。 ▶P.144参照

花がら摘み

パンジー＆ビオラなどの一年草は花がら摘みをしましょう（P.146）。寒くて花のもちは長いですが、枯れた花をそのままにしておくと見栄えが悪いので、気づいたらすぐに摘み取りましょう。

春咲き球根植栽のリミット

チューリップやムスカリなどの春咲き球根は、1月中に植えましょう。寒さにあうのが球根花の開花の条件です。植え方はP.136〜137を参考に。

Gardening Calendar

2月

February

2月の庭の様子

一年で最も寒い季節です。寒さの中で鮮やかに庭を彩ってくれるパンジー＆ビオラは、ありがたい存在です。前年から植えていたスノードロップが雪の中で可愛らしい姿を見せてくれているかもしれません。2月初旬にはクリスマスローズの新葉が出始め、次第に花も咲いて、庭に彩りを加えてくれます。雪が積もる地域では、小さな花壇など可能な所は雪を取り除きますが、凍っている場合は自然に溶けるまで待つほうがよいでしょう。雪を取り除くときに草花の上部が一緒にもげてしまうことがあります。冬に寒風が吹くようなところでは、むしろ雪の中で過ごしたほうが無難。0℃以下にならずに春に復活する可能性が高いです。2月も中旬以降になってくると、最高気温が15℃を上回る日が出てきて、樹木の新芽が動き出します。バラも小さな芽が伸び始めるので、その前に、遅くとも2月上旬には剪定・誘引作業を終えておきましょう。作業中に芽を落としてしまうと、一季咲きの品種はそこにはもう花が咲かなくなってしまいます。

2月の主な作業

クリスマスローズ展へ

本格的なクリスマスローズのシーズンが始まります。各地でクリスマスローズの展示販売会が催され、新品種を含めて多くの品種が勢揃いするので、足を運んでみましょう。クリスマスローズの中には万単位の高価なものがありますが、たいていの品種は丈夫で何年も咲き、結果的にコスパはよいほうです。気に入ったものがあれば、誕生記念や卒業記念など、私的な記念を理由にして思い切って買ってみては。思い出とともに、大事に育てるきっかけにもなります。買ってきた苗は、ビニールポットに入れたままにせず、早めに植え替えましょう。1年目は様子見のために鉢植えで育てたほうが無難です。植え替えるときは、根をあまりいじらず根鉢も崩さないよう、ひと回り大きい鉢に植え替えましょう。

バラの作業リミット

新芽が動き出す前に、2月初旬までには地植えも鉢植えも、剪定・誘引作業を終えましょう。移植や大苗の定植は、今月末までがリミットです。　▶P.139参照

カイガラムシのチェック

葉がないこの頃は、バラを衰弱させるカイガラムシに気づきやすい時期です。枝に白い斑点があれば、カイガラムシの可能性あり。繁殖力が強いので、見つけたら適応薬剤で対処しましょう。

水やりは時間に注意

1月同様、水やりは昼前に済ませましょう。

日々のガーデニング作業

植物は生き物ですから、日々お世話（＝ガーデニング）が必要です。
ここでは日常的に行いたいガーデニング作業を解説します。
どれも特別な技術も力も必要としない簡単な作業ですが、
日々継続することで、庭は美しく輝きます。
太陽の光を浴び、草花の香りに包まれながら、昆虫たちの羽音をBGMに
ガーデニングをする時間は、あなたの心と身体を健やかにしてくれます。

1 観察&掃除

日々の観察は、最も大切な庭仕事です。芽吹きやつぼみを発見するのは嬉しいものですし、病害虫などの異変に早期に気づいて対処することができます。また、水やりや施肥などの適期も見逃しません。その際、枯れ葉や花びらなどが落ちていたら、取り除いてきれいにしておきます。株元に堆積物があると、病原菌や害虫の温床になる場合があるので、こまめに掃除してリスクを取り除きましょう。

2 雑草取り

雑草は、見つけたときにこまめに抜いておきましょう。大きくなると根が深くなり、抜くのに苦労します。雨が降ったあとは、土が柔らかくなって抜きやすいです。不思議なことに、植栽した植物によく似た雑草がその周辺に生えてきて、芽が出たばかりの頃は判別がつきにくいことがありますが、毎日観察していると分かるようになってきます。経験の積み重ねが大事です。

3 水やり

地植えの植物は、植えたばかりのときと、雨が長期間降らない場合をのぞき、水やりは基本的に必要ありません。一方、鉢植えには定期的に水をやる必要があります。夏にホースで水やりをする際は、まず素手で水の温度を確かめるよう習慣づけましょう。ホース内に残っている水が日光で温められ、お湯になっていることがあります。水やりをする際は、植物の葉を手で軽く押さえ、土にしっかり水が染み込むように（写真右下）。上からかけただけでは、植物の葉が傘のように水をはじいて、鉢の外に水が流れていってしまうことがあります。植物は根から水を吸い上げるので、鉢底から水が流れ出るまで、しっかり土に水を含ませます。水やりの間隔は、春〜秋は表土が乾いてから。多くの植物が生育緩慢になる冬は、水を吸い上げる量が少なくなるので、表土が乾いてから2〜3日後くらいでよいでしょう。

上の写真は植えたばかりの3月。ときどき液肥を与えながら育てて、5月には下の写真のようにボリュームいっぱいに。

4 液肥やり

植物は光合成をして養分を作り出すほかに、根から土の中に含まれる栄養分を吸い上げて生育します。土の容量が限られる鉢植えでは、養分もどんどん減っていくので、ときどき水やりの際に液肥を混ぜてあげましょう。生育を促すので花数が増え、花色も鮮やかになります。回数は商品によって異なるので、説明書きを読んで使います。

5

支柱立て

草丈の高くなる植物は倒れてくることがあるので、支柱が必要です。竹などの自然素材を使うと、風景に馴染んで庭の雰囲気を壊しません。支柱はあくまで脇役なので、植物の後ろへ配置し、頭が出ないようにしましょう。草丈に合わせて支柱の高さを変えていくのが理想的です。

麻紐などのほかに、ワンタッチで支柱に植物を誘引できるクリップ式も便利です。

大きな株で地際から何本も茎が伸びているものなどは、ひと括りでギュッと縛ってしまうと、見栄えも風通しも悪くなり、病害虫が発生しがちです。右の写真のように支柱を2本立て、8の字で結ぶと、ふんわり自然にまとまります。

支柱紐

支柱　　　支柱

6
花がら摘み

茎の付け根から摘み取った花がら。

「花がら」とは、しおれた花のこと。花びらの縁がクルッと丸まっていたり、シワシワになってうつむいていたりする花は、茎の付け根から摘んでおきましょう。花がら摘みをすると、全体の印象が生き生きときれいに見えます。しおれた花をそのままにしておくと、タネをつけ、一年草の株は枯れていきます。花がらをこまめに摘んで、タネをつけさせないようにすると、花の咲く期間が長くなります。

花がらがある寄せ植え

花がら摘み後の寄せ植え

よく分枝してたくさんの花を咲かせるミニヒマワリ。枯れた花は順次、枝分かれした部分から切るようにするときれい。

枝分かれして咲く花の場合、枯れた花だけを摘むと、茎がツンツン残ってしまい見栄えがよくありません。枝分かれした部分から切り取ると、残った茎が目立たず、より自然な雰囲気で美しさを保つことができます。

GOOD!　　**BAD...**

花がらのきれいなもの

晩秋に実る赤いローズヒップ。

宿根草や樹木は、タネがついても株が衰えることはありません。エキナセア（右上）やアジサイ 'アナベル'（右下）など、花がらがきれいなものは庭のオーナメントとしてそのまま残しておきます。

また、バラは品種によって花後に「ローズヒップ」という赤い実ができるものがあり、晩秋から冬にかけて寂しい庭に愛らしい彩りを提供してくれます。ローズヒップをつけさせたいバラも、花がらを残しておきます。

Daily Work

7
虫退治

3月上旬の「啓蟄（けいちつ）」の頃になると、庭でさまざまな虫たちが活動し始めます。虫の中にはガーデナーの友だちとなる益虫と、増えてもらっては困る害虫がいます。植物をムシャムシャ食べて葉や花をボロボロにする害虫でも、早期に発見して対処すれば、それほど被害に悩むことはありません。対処の方法は薬剤を使うか手で取るかですが、この庭では基本的に手で取っています。どちらにしろ、早く見つけて早く対処することが大事なので、日々の観察が欠かせません。病害虫の詳しい対策は、P.156～159で紹介しています。

バラにつく2～3mmの昆虫「バラゾウムシ」を傘の中に落として捕獲中。

季節のガーデニング作業

Seasonal Work　1

初夏〜秋

庭計画

色にこだわってみたり、物語の世界観を表現したり、何か一つテーマを決めると庭のイメージが作りやすくなります。2年目以降は、最盛期の庭を見ながら考えると、新たに加える植物、抜くべき植物などが具体的に分かります。バラや宿根草の苗は秋には流通し始めるので、それまでに庭計画を立て、必要な素材を着々と揃えていきましょう。

庭作りのコツは、適期適切。植物のリズムに合わせてタイムリーに作業することが大切です。
ここでは、季節ごとに行いたいガーデニング作業を解説します。
うっかり忘れると、楽しみを一年待たなくてはいけない場合も出てくるので、
カレンダーやスケジュールに書き入れておくとよいでしょう。
庭は刻々と変化し、毎年、新しい発見や驚きをもたらしてくれます。

シーズンごと

買い物

植物の苗は、種類ごとに流通する時期が限られており、店頭には植えどきより早めに出回る傾向があります。たとえば、チューリップなどの春咲き球根類は年明け1月に植えても咲きますが、9月には店頭に並び始めるので、この時点で欲しいものは確保し、自宅で保管しておいたほうがいいでしょう。うっかりすると、植えようと思ったときにはどこにもなかったということもしばしばです。特にバラや宿根草などの人気品種は、ワンシーズン前からネットで予約販売がスタートし、早々に売り切れてしまうこともあるので、狙っているものはこまめにチェックを。

植物の説明がきちんとできるお店を行きつけにしておきましょう。

春・秋・冬

植え付け

植え付けの時期は主に春と秋ですが、一年草・宿根草・球根植物は、植える順番が大事です。チューリップなどの春咲き球根は一般に紅葉を目安に植え付けるとされていますが、球根を植えた後で一年草や宿根草を植えようとすると、スコップで球根を傷つけたり、掘り起こしてしまったりすることも。ですから、翌春に咲く一年草や宿根草を先に植えます。球根は庭が雪ですっかり覆われたり、地面が凍ったりしない限り、翌年1月まで植え付けができるので、計画している一年草や宿根草が揃ってから、順に植え付けましょう。

春・梅雨前・秋・冬

施肥

植物が育つには、土の養分が必要です。自然界では、動植物の死骸や微生物類が植物の養分となるサイクルが自然にできていますが、庭では人が定期的に「肥料」を与える必要があります。庭の肥料は植物が生育していく過程で消費されるので、シーズンごとに施肥を行いましょう。冬は来春の芽生えのために、春はこれからぐんぐん生育する植物の応援のために、梅雨前はたくさん咲いて疲れた草花のために、そして秋は冬までの生育を助けるために。真夏は暑さで植物が疲弊し、肥料分を適切に吸収できず「肥料ヤケ」という症状を引き起こすため、施肥は行いません。

活力素入りの土壌資材をまくのもおすすめ。

肥料は商品の説明書き通りに適量を。

早春・夏・秋〜冬

樹木の剪定

| 例 | オリーブの枝の切り詰め剪定 |

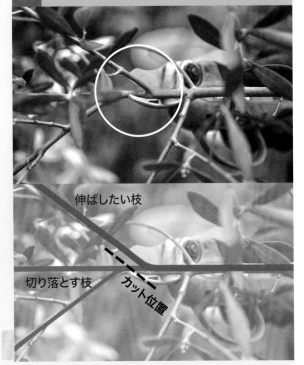

伸ばしたい枝

切り落とす枝　カット位置

樹木類は大きくなりすぎると、庭に日陰部分が多くなり、草花が育たなくなってきたりします。また、枝葉が茂りすぎると病害虫が発生しやすくなるので、風通しがよくなるように適宜剪定しましょう。枝が込み入っている場合は、何本か間引くように枝元から剪定します。長さを切り詰めたいときは、写真のように枝分かれしている箇所のすぐ上で剪定すると、切った箇所が目立たず自然です。剪定の適期は樹種によって異なります。時期を間違えて花芽を切り落としてしまうと、花や実がつかなくなるので、庭の樹木の剪定適期を調べておきましょう。あまり大きな樹木の場合は、庭師などの専門家に任せたほうがよいかもしれません。

伸びきって花がまばらになってきた'スーパーアリッサム'。

6〜9月

切り戻し
（透かし剪定）

開花期間の長い植物は、生育するにつれ、だんだん形が乱れてきたり、花つきがまばらになってきたりします。そこで、最盛期が過ぎたら、一度「切り戻し」をして形を整えます。切り戻しとは、株を剪定して短くすること。風通しがよくなり、再び伸びてきれいに形が整い、左の'スーパーアリッサム'の場合は3〜4週間後に、また花盛りを迎えます。切り戻すときは、真横に一直線に短く切ると不自然なので、ハサミを縦に入れ、すくように切ります。ナチュラルに仕上がるこの方法を、透かし剪定と呼びます。一気にバサッと葉がなくなると蒸散が妨げられ、逆に蒸れてしまうことがあります。

株に対してハサミを縦に入れ、すくように短くしていく。

NG　横に一直線に切ると、やや不自然。

151

モサモサ…

スッキリ！

Seasonal Work　7

9月

間引き・透かし剪定

猛暑日が続く夏の間は庭仕事もままなりません。涼しくなってきたら庭の整理をしましょう。夏の間に茂りすぎた株が向こう側の景色を遮っていたり、株姿が乱れて雑然とした雰囲気になっていたりするものがあります。茂りすぎた株は、先端を切って短くするのではなく、枝数を減らすように株元付近から剪定して間引きます。このように全体をコンパクトにすると、風通しがよくなって秋以降もきれいに生育します。また、思いのほか大きくなる植物もあるので、庭全体を遠目で眺めて、不要だなと思う植物は抜き取り、リフレッシュしましょう。

茂りすぎて風景を遮っているセージの枝を株元から間引き、株をコンパクトにします。

After 間引きをしたらタイルが現れ、庭の奥行きを感じられる風景になりました

From Gardeners

バラのそばに植えてあった低木のロニセラ‘オーレア’を抜去。寄せ植えの脇役としても使われる植物ですが、地植えにしたら3号ポットからは想像もつかない大株になってしまいました。バラの生育に影響が出るので、ここでは抜き取ります。こんなふうに庭作りは常にトライアル＆エラー。失敗は数あれど、だからこそ、いつも学びがあって楽しいのです。

Seasonal Work 8

こぼれ種の移植

地面に落ちたタネから勝手に発芽し、勝手に育つ植物を「こぼれ種（だね）で増える植物」といいます。春から初夏にかけて咲いた花のこぼれ種は、だいたい秋に発芽します。発芽したものを、ほかの場所で咲かせたい場合は、なるべく5〜10cm程度の小さいうちに移植しましょう。種類によっては根をいじられるのを嫌う植物もあるので、できるだけ深く掘り上げます。そして植えたい場所に根がおさまる穴を掘り、植え直して水やりをします。あまり増えすぎてほしくない植物も、この時点で抜いて株数をコントロールしておくと、あとが楽です。幼苗は最初のうちは雑草と見分けがなかなかつきませんが、こればかりは観察と経験を積むしかありません。だんだん分かるようになってきます。こぼれ種で増える植物は、P.90〜115の「季節を咲き継ぐ植物図鑑」に記載しています。

落ち葉の下に原種シクラメンの芽を発見。

Seasonal Work 9

9〜10月

落ち葉掃除

秋になると、庭には落ち葉が積もってきます。その下では、秋咲きの原種シクラメンやこぼれ種で発芽した小さな芽が出始めています。落ち葉を払って日光が当たるようにしてあげましょう。集めた落ち葉は砕いて細かくしておくと、マルチング材（保温や保湿のために表土を覆う材料）として利用できます。

初夏に庭を鮮やかに彩ってくれた
サルビア・ネモローサ 'カラドンナ'。

9月中旬は茎がまばらに残っていますが、葉が茶色くなってきているのでカットします。

Seasonal Work 10

9〜11月

枯れ茎の整理

宿根草や球根類は冬には地上部がなくなっていくものがほとんどですが、11月くらいまでは茎が残っているものも多々あります。春から伸びている茎は、もう曲がったり葉の縁が茶色くなっていたり。そのまま残しておくと庭にくたびれた感じが出てしまうので、秋にはカットしてスッキリさせましょう。遅かれ早かれ冬には寒さで枯れてしまうので、美しくないなと思ったときが切りどきです。

すでに芽生えてきた新芽だけが残ってスッキリしました。

Point! ユリなどの球根類は、葉が光合成をして球根に栄養を送ります。球根を太らせるために、葉は黄変するまで残しておきます。黄色くなったら、株元で切って大丈夫。

庭の病害虫対策
Trouble Rescue

庭には、さまざまな昆虫たちが集まってきます。その中で草花を食べてしまう昆虫は、私たちにとってあまり都合がよくないので「害虫」と呼びます。一方、害虫を捕食してくれる「益虫」も庭を訪れます。害虫と益虫のバランスがとれていれば、家庭の庭ではそれほど困った事態にはなりません。また、庭にくるほとんどの昆虫は人を刺したりしないので、むやみに怖がる必要もありません。全てをコントロールしようと思わずに、適当に付き合いましょう。被害を最小限に留めるには、何がいつどこに現れるかを知り、早期に対処することが大事。庭に現れる主な虫や病気と、その対処法を紹介します。

体長2〜3mmで見つけにくい

被害にあって枯れた新葉

バラゾウムシ

現れる時期：3〜10月
いる場所：バラの新葉・つぼみ
被害状況：新葉やつぼみの葉液を吸い、しおれさせる

対処法：手で取る。体長2〜3mmと小さく、土の上に落ちたら分からなくなるので、虫の下に手を添え手のひらに落とす。またはビニール傘の1カ所に切れ込みを入れ、逆さにしてバラの木に挟み込む。株を揺らすと、複数匹まとめて傘の中に捕獲できる。

ハバチの幼虫

初期は葉に白い斑点ができる

現れる時期：4〜10月
いる場所：バラの葉
被害状況：バラの葉を食べる

幼虫による被害

成虫

対処法：葉ごと取る。または適応薬剤で処置。被害初期の若齢幼虫は体長2mmほどで、葉の裏の葉肉のみを食べるため、葉の表は白い斑点ができたように見える。幼虫が大きくなると、葉がボロボロに。小さいうちは1カ所に集まっているので捕殺も効率的。大きくなると単独行動して被害も拡大するので、斑点の時点で葉裏を確認し捕殺する。成虫は動きが鈍いので見つけたら捕殺を。

株元におがくずが出ていれば被害の証拠

穴を探して専用の殺虫剤で退治する

テッポウムシ

現れる時期：6〜11月

いる場所：バラやカエデ、果樹など樹木の幹の中

被害状況：幹の中を食い進み、樹木を枯らす

対処法：適応薬剤で処置。テッポウムシはゴマダラカミキリの幼虫で、成虫が5〜10月に幹の中に産卵するため、見つけたら成虫も捕殺。株元におがくずが出ていれば、それが被害の証拠。穴を探して、専用殺虫剤を中にスプレーし、幼虫を退治。

成虫

成虫

コガネムシ

現れる時期：7〜4月

いる場所：土の中

被害状況：植物の根を食べ、衰弱させたり枯死させる

対処法：手で取る。根が被害にあっている植物は、生育不良で葉が黄変したり、落葉したりするサインを出す。おかしいなと思ったら、土の中を掘ってみる。幼虫がいたら、見つけ次第捕殺。鉢植えの植え替えなどの際も必ず土をチェック。成虫は花を食害するので、見つけたら捕殺。

被害にあったデルフィニウム

老齢幼虫

ヨトウムシ

現れる時期：4〜10月

いる場所：日中は土の中

被害状況：植物の葉やつぼみを食べる

対処法：手で取る。または適応薬剤で処置。ハスモンヨトウ、シロイチモジヨトウなどさまざまな種類がいて、身体の色も異なる。また成長するに従っても色が変わる。若齢幼虫のうちは葉裏で集団で過ごすので、葉に斑点を見つけたら葉ごと捕殺。大きくなると日中は土の中にいて、夜活動して草花を食べるようになるので「夜盗虫」といわれる。

アメリカシロヒトリ

現れる時期：5〜6月、9月

いる場所：葉や枝に張ったクモの巣状のネットの中

被害状況：樹木、草花、芝生まで植物全般の葉を食べる

対処法：適応薬剤で処置。数年に一度発生する。ネット状の巣の中に無数の幼虫がいるので、そこから出ないうちに適応薬剤で処置し、被害をできるだけ最小限に抑える。

ユリクビナガハムシ

現れる時期：4〜7月

いる場所：ユリの葉・つぼみ・花

被害状況：ユリ全般を食べる

対処法：手で取る。または適応薬剤で処置。成虫は体長1cmほどで赤褐色の艶々した甲虫。幼虫は泥を背負ったような格好（実際は自分のフン）。ユリの新葉が展開してきた頃から注意が必要。大食漢で、あっという間に食べるので、見つけ次第早急に対処を。

ブラックデス（黒死病）

現れる時期：一年中

現れる場所：クリスマスローズの株全体

被害状況：葉や花が黒く変色し枯れる

対処法：ブラックデスはウイルスによる病気で、ほかの株に感染するため一刻も早くビニール手袋をして抜く。抜き取ったときに使った手袋は捨て、道具、手指は消毒する。

黒点病

現れる時期：春〜秋

現れる場所：バラの葉

被害状況：所々に黒い斑点ができ、やがて黄葉し落葉する

対処法：初夏までの花に影響を及ぼすことはない。落葉してもいずれ新葉が展開するが、極度に落葉したり、秋にも花つきを望む場合は適応薬剤で対処する。

うどんこ病

現れる時期：春〜初夏、秋

現れる場所：バラやダリアの葉・茎

被害状況：葉が白くなり、次第に衰弱して最悪は枯れる

対処法：バラの場合は耐性のある品種を選び、発生したら適応薬剤で処置する。ダリアは一度切り戻す。

スズメバチ・アシナガバチ

現れる時期：4〜11月
いる場所：草花・樹木
被害状況：被害はないが、刺されると危険

対処法：甘い果実などがあれば食害されることがあるが、植物への影響はほとんどない。肉食で、さまざまな昆虫の幼虫・成虫を捕らえてくれるため、益虫でもあるが、人との距離が近すぎると危険。黒い色に反応するので、ガーデニングの際は服の色に注意し、近くにきたら騒がずゆっくりその場を離れる。刺されたら水でよく洗い流す。複数回刺されるとアナフィラキシーショックが出ることがあるため、速やかに病院へ。

イラガ

現れる時期：6〜9月
いる場所：樹木の葉・茎
被害状況：葉を食べる。刺されると危険

対処法：道具を使って枝葉を撤去。適応薬剤で処置。毒のある毛を持っており、刺されると電気が走ったような痛みが生じるため、触れないように注意。若齢幼虫は葉の裏に集団でおり、表皮を残して食害するため、表からは斑点ができたように見える。大きくなると旺盛に食べるので発生前の対策と発生初期の対応を。

庭の益虫や生き物

庭には虫を食べる虫や生き物も多く棲んでいます。春先に現れる可愛いテントウムシは、成虫も幼虫もアブラムシを盛大に食べてくれます。テントウムシの幼虫は黒くてちょっと不気味な姿をしていることから害虫と間違われがちですが、駆除しないように。ヒラタアブの幼虫もアブラムシが大好物です。クモはアブラムシのほか、バラゾウムシやハバチの幼虫を食べてくれるのでバラの庭ではありがたい存在です。カナヘビやカエルなども虫を食べてくれるので、庭作りの仲間としてそっと見守りましょう。

テントウムシ

幼虫を捕獲するクモ

ヒラタアブ

テントウムシの幼虫

カナヘビ

面谷ひとみ（おもだに・ひとみ）

鳥取県米子市の「面谷内科・循環器内科クリニック」開院にあたり、自らも看護師として勤務してきた経験を生かし、患者さんにも癒やしとなる空間を作るために、庭作りを行う。
http://hitomi-garden.com

安酸友昭（やすかた・ともあき）

ガーデナー。鳥取県米子市でラブリーガーデンを経営。園芸専門学校を卒業後、造園会社勤務を経て渡英。イギリスの園芸技術者国家資格1・2、石積みの資格を取得。
https://www.lovely-garden.jp

ガーデンストーリー

Webメディア『ガーデンストーリー』は、植物のある心豊かな暮らしを提案するサイト。さまざまな種類の植物の育て方や新品種情報をはじめ、ガーデニングハウツー、庭＆エクステリアのアイデアや事例、読者の庭紹介、日本全国の観光ガーデンや花の名所情報、ハーブや果実を使ったレシピなど、業界の専門家が監修した多彩なガーデニングのコンテンツを毎日配信中。

https://gardenstory.jp

上記URLまたは
左の二次元コードからも
アクセスできます。

2023年3月現在

『ガーデンストーリークラブ』は、花ファン・庭ファンが集うコミュニティー。会員専用サイトで庭作りや植物の育て方のヒントを共有し合ったり、オンラインサロンでガーデニング情報をリアルタイムで得たり……。また、毎月抽選でガーデニング関連アイテムも当たります。ただいま、会員募集中！

おしゃれな庭の舞台裏（にわ・ぶたいうら）

365日 花あふれる庭のガーデニング（にち・はな・にわ）

2023年3月2日　初版発行
2024年6月15日　3版発行

著　者　ガーデンストーリー
発行者　山下　直久
発　行　株式会社KADOKAWA
　　　　〒102-8177 東京都千代田区富士見2-13-3
　　　　TEL 0570・002・301（ナビダイヤル）

印刷所　大日本印刷株式会社

●お問い合わせ
https://www.kadokawa.co.jp/
（「お問い合わせ」へお進みください）
＊内容によっては、お答えできない場合があります。
＊サポートは日本国内のみとさせていただきます。
＊Japanese text only

©Garden Story 2023
Printed in Japan
ISBN 978-4-04-897524-7　C0077